GOLDMANN
Lesen erleben

Anselm Grün

Von Wahrheit und Wahrhaftigkeit

GOLDMANN

Verlagsgruppe Random House FSC-DEU-0100
Das für dieses Buch verwendete FSC®-zertifizierte Papier *Classic 95*
liefert Stora Enso, Finnland.

1. Auflage
Vollständige Taschenbuchausgabe August 2011
Wilhelm Goldmann Verlag, München,
in der Verlagsgruppe Random House GmbH
© 2009 Gütersloher Verlagshaus, Gütersloh
in der Verlagsgruppe Random House GmbH
Umschlaggestaltung: Uno Werbeagentur, München
Umschlagillustration: © Getty Images / Ingmar Wesemann
Autorenfoto: © Plain Picture / dpa
Satz: Buch-Werkstatt GmbH, Bad Aibling
Druck und Bindung: GGP Media GmbH, Pößneck
CB · Herstellung: IH
Printed in Germany
ISBN 978-3-442-17262-7

www.goldmann-verlag.de

Inhalt

Einleitung

In einer Welt, in der die Wahrheit immer mehr verdreht wird, sehnen wir uns nach Menschen, die für die Wahrheit Zeugnis ablegen und deren Worte mit ihrer eigenen Wirklichkeit übereinstimmen. Wir erleben in unserer Welt, dass die Wahrheit manipuliert wird. Da werden von der Politik und vom Gericht Gutachten angefordert. Aber je nachdem, wer dieses Gutachten und in welchem Auftrag er es erstellt, so fällt es aus. Die Wahrheit scheint nur eine Frage der Auslegung zu sein und der Interessen. Wer Interesse an der oder jener Wahrheit hat, der setzt alle Hebel in Bewegung, die Wahrheit in seinem Sinn zurechtzubiegen. Wenn wir die Medien aufschlagen, so wissen wir nicht, ob die Zeitung objektiv berichtet oder ob sie nur eine Sensationsgeschichte braucht, um mehr Leser auf sich aufmerksam zu machen und so die Auflage der Zeitung zu steigern. So ist das Vertrauen in die Wahrheit fundamental verloren gegangen. Die skeptische Frage des Pilatus drängt sich auch uns auf: »Was ist Wahrheit?« Wem sollen wir trauen: den Politikern, den Medien, den Leuten am Stammtisch? Biegt nicht jeder die Wahrheit für sich zurecht? Meint nicht jeder, er sei im Besitz der Wahrheit, er sehe die Dinge richtig?

Gerade weil wir die Beliebigkeit der Wahrheit schmerzlich erleben, sehnen wir uns nach Wahrheit und Wahrhaftigkeit. Wir sehnen uns danach, dass das, was die Medien berichten, wahr ist, dass es mit der Wirklichkeit übereinstimmt. Und wir sehnen uns danach, dass Menschen wahrhaftig sind, dass sie ihre Lügen nicht erst dann zugeben, wenn sie vom Gericht der Lüge überführt werden. Wir sehnen uns danach, dass die Wahrheit ohne Absicht offenbar wird. Und wir sehnen uns nach Verlässlichkeit in unseren Beziehungen. Wir leiden darunter, dass uns in einer Beziehung oder einer Freundschaft Liebe vorgetäuscht wird. Wie sollen wir unterscheiden zwischen echter und wahrhaftiger Liebe und der Liebe, die nur etwas will, die uns benutzt und missbraucht? Menschen lächeln uns freundlich an. Aber wir wissen oft nicht, ob wir dieser Freundlichkeit trauen dürfen oder ob sie nur eingesetzt wird, um uns für ihre Absichten einzuspannen. In einer Welt unsicherer Beziehungen und freundlicher Fassaden sehnen wir uns nach Wahrheit und Wahrhaftigkeit.

Wir regen uns darüber auf, dass in vielen Ländern Korruption herrscht. Die Wahrheit wird verdreht. Nach außen täuscht man saubere Geschäfte vor. In Wirklichkeit wird hintenherum mit viel Geld geschmiert. Inzwischen erleben wir, dass auch in unserem Land die Korruption ihre Blüten treibt. Wir sind misstrauisch geworden, ob es in der Wirtschaft überhaupt immer mit rechten Dingen zugeht, oder ob hinter den Kulissen nicht doch unehrliche Geschäfte getrieben werden. Auf wen können wir uns noch verlassen? Welchen Aussagen, welchen Menschen können wir noch trauen? Wir sehnen uns nach verlässlichen Menschen, nach authentischen Vorbildern, von denen wir nicht irgendwann in der Zeitung lesen, dass sie doppelgleisig gelebt haben.

Als ich mich durch die verschiedenen Wahrheitstheorien, wie sie in der Philosophie und Theologie verkündet werden, durchgearbeitet habe, war ich ratlos. Solch komplizierte Gedankengänge kann ich meinen Lesern kaum zumuten. Und manchmal verstehe ich sie selber nicht. So verzichte ich darauf, die Wahrheitsbegriffe darzulegen, wie sie die verschiedenen Philosophen beschrieben haben, angefangen von Platon über Aristoteles, Augustinus, Anselm von Canterbury und Thomas von Aquin und schließlich zu Kant, Hegel, Nietzsche und Karl Marx. Aber beim Lesen der philosophischen Gedankengänge wurde mir auch bewusst, dass hinter jeder Darlegung ja eine Erfahrung steckt. Ich fragte mich, welche Erfahrungen die Philosophen mit der Wahrheit gemacht haben. Wenn ich mit der Frage nach der Erfahrung an die philosophischen Schriften herangehe, dann werden diese durchaus interessant. Dann berühren sie mich. In diesem Sinn möchte ich daher doch einige Einsichten der Philosophie und der Theologie ansprechen. Mich leitet dabei immer die Frage, wie sie uns helfen können, heute Wahrheit und Wahrhaftigkeit zu verstehen und zu leben. Nach den philosophischen und theologischen Reflektionen über das Thema möchte ich die verschiedenen Felder menschlichen Lebens abschreiten, in denen Wahrheit und Wahrhaftigkeit gefragt sind und unser Miteinander menschlicher machen.

I.

Annäherungen
an die Wahrheit

1. Das philosophische Verständnis von Wahrheit

Die griechische Philosophie hat das abendländische Wahrheitsverständnis geprägt. Das griechische Wort für Wahrheit »aletheia« meint: Unverborgenheit. Lethe heißt das Vergessen. Wenn das Wesen der Dinge dem Vergessen entrissen wird, wenn das Eigentliche offenbar wird, dann geschieht Wahrheit. Die Erfahrung, die hinter diesem Wort steckt, ist wohl: Wir leben zwar in dieser Welt. Aber was die Welt ist, das ist uns nicht bewusst. Wir sehen die Dinge dieser Welt, die Bäume, die Blumen, die Tiere, die Menschen. Aber das, was hinter allem liegt, das bleibt uns fremd. Das Wesen der Dinge ist uns verborgen. Wahrheit meint nun, dass sich die Dinge uns offenbaren, dass wir erkennen, was mit allem, was uns in der Welt begegnet, gemeint ist.

Für Heraklit, einen der frühesten Philosophen, besteht die Weisheit darin, dass wir im Hören auf die Natur das Wahre sagen. Die Wahrheit erkennen wir nur, wenn wir auf die Dinge hören, wenn wir ihnen gerecht werden. Die Dinge sind wahr. Sie sind einfach da. Aber wir sehen die Dinge oft nicht so, wie sie sind. Wir verdrehen sie durch unsere Vorurteile oder durch unsere Absichten, die wir mit den Dingen haben. Wahrheit wäre, wenn die Dinge wieder zu uns sprächen, anstatt dass wir über die Dinge reden und sie uns mit unseren Worten zurechtrücken. Heraklit hat offensichtlich erfahren, dass viele Menschen über die Welt etwas sagen, was mehr in ihrem eigenen Verstand entstanden ist. Sie reden über ihre Meinungen zu den Dingen. Aber sie haben nicht auf die Dinge gehört. Daher ist die erste Bedingung, um die Wahrheit zu erkennen, auf die Welt zu hören. Ich höre auf den Menschen, mit dem ich spreche. Ich höre zu. Ich horche in ihn hinein, um zu erkennen, was ihn wirklich bewegt. Ich höre auf die Natur, auf die Berge und Flüsse. Sie alle haben mir etwas zu sagen. Wahrheit braucht also das demütige Hinhorchen, um den Dingen gerecht zu werden.

Platon versteht die Wahrheit so, dass sich das Sein lichtet, dass es in seinem klaren Wesen aufleuchtet. Das geschieht dann, wenn das Sein mit der Idee Gottes übereinstimmt und wenn der Mensch teilhat an den ewigen Ideen, die ihm von Gott geschenkt wurden. Platon unterscheidet zwischen Schein und Wirklichkeit. In der Wahrheit offenbart sich die Wirklichkeit so, wie sie ist.

Wir schauen nicht nur auf den Schein, und wir haben nicht nur eine Meinung (doxa) über die Dinge, sondern wir erkennen die Dinge so, wie sie in Wahrheit sind. Und unsere Worte drücken dieses Wesen der Dinge aus. Wahrheit ist die Unverborgenheit des Seins. Doch der Mensch – so sagt Platon in seinem Höhlengleichnis – sieht oft nur die Schatten des Lichtes. Wir stehen gleichsam mit dem Rücken zur Wand und sehen nur die Schatten, die das Licht von uns auf die gegenüberliegende Wand wirft. Um die Wahrheit zu erkennen, müssen wir uns umdrehen und uns dem Licht zuwenden. Licht, das sind die Ideen Gottes. Wenn wir mit unserem Verstand die Ideen Gottes erkennen, dann erkennen wir auch die Wirklichkeit so, wie sie eigentlich ist. Denn die Dinge sind Gestalt gewordene Ideen Gottes. Wenn wir die Ideen in allen Dingen dieser Welt erkennen, dann lichtet sich das Sein. Wir durchschauen den trügerischen Schein und erkennen die Wahrheit der Dinge. Die Wahrheit leuchtet auf, und sie leuchtet uns ein.

Der Theologe Augustinus hat die Philosophie Platons und seine neuplatonische Deutung durch Plotin in die christliche Theologie hinein übersetzt. Für ihn ist der Glaube die Bedingung, dass wir die Wahrheit erkennen. Gott hat die Wahrheit in Jesus Christus geoffenbart. Daher ist die Erkenntnis der Wahrheit mit der Offenbarung Gottes verbunden. »Wenn ihr nicht glaubt, werdet ihr nicht erkennen.« So zitiert Augustinus nach der Übersetzung der Vulgata die Stelle aus dem Propheten Jesaja (Jes 7,9). Die eigentliche Wahrheit ist für Augustinus Gott selbst. Gott spricht sich in der Welt aus. Doch wir erkennen Gott nicht. Gott bleibt uns fremd. In Jesus Christus hat er sich auf neue Weise geoffenbart. Da hat Gott sein Wort, das alle Dinge prägt, Fleisch werden lassen. Der Glaube ist der Weg, die Wahrheit Gottes zu erkennen und durch Gott auch die Wahrheit der Dinge, in denen Gott sich uns offenbart. Im Glauben haben wir teil an dem Licht Gottes. Der Intellekt allein kann Gott nicht erkennen. Denn er ist durch die Sünde verdunkelt worden. Nur wenn der Mensch umkehrt und sich im Glauben Gott zuwendet, bekommt er Anteil an seinem Licht, wird sein Verstand erleuchtet und vermag so die Wahrheit zu erkennen. Gott hat die Welt durch sein Wort geschaffen. Bei Augustinus sind die Gedanken Gottes die eigentliche Ursache der Schöpfung. Gott hat sich die Dinge ausgedacht und sie dann nach seinen Gedanken geformt. Die platonischen Ideen werden bei Augustinus zu den Gedanken Gottes. Und es gilt, im Glauben Gottes Gedanken zu erkennen. Gottes Wahrheit ist zugleich Licht. Gott hat sein Licht in die Dinge hineingelegt. Der Mensch erkennt die Wahrheit der Dinge, indem er teilhat am Licht Gottes. Wenn Gott ihn im Glauben erleuchtet, dann kann er die Wahrheit erkennen. Sonst verfällt er dem Schein und der Lüge. Das Licht Gottes erleuchtet unsere Finsternis. Aber – so sagt uns der Johannesprolog, den Augustinus in Bezug auf unsere Wahrheitserkenntnis meditiert – »die Finsternis hat es nicht erfasst«. Da sandte Gott seinen Sohn: »Das wahre Licht, das jeden Menschen erleuchtet, kam in die Welt.« (Joh 1,9) Wenn wir Christus erkennen, haben wir teil an seinem Licht. Und im Licht Jesu können wir die Dinge so erkennen, wie sie wirklich sind. Auf diese Weise verbindet Augustinus die Glaubenswahrheit mit der Vernunftwahrheit. Der Glaube ist die Bedingung, mit dem Verstand die Wahrheit zu erkennen. Auf diese Weise versteht Augustinus das Wort Jesu: »Ich bin das Licht, das in die Welt gekommen ist, damit jeder, der an mich glaubt, nicht in der Finsternis bleibt.« (Joh 12,46)

Das christliche Wahrheitsverständnis wurde im Mittelalter vor allem durch die beiden großen Theologen Anselm von Canterbury und Thomas von Aquin entfaltet. Anselm spricht von der Wahrheit als »rectitudo«, als Richtigkeit. Richtig ist nicht nur das, was wir sagen, sondern auch was wir tun. Anselm verbindet daher die wahre Erkenntnis immer schon mit dem richtigen Tun. Unser Tun soll auf die Wahrheit, und letztlich auf Gott, der die eigentliche Wahrheit ist, hinweisen. Diese Einsicht Anselms hat auch heute noch ihre Bedeutung. Es genügt nicht nur, die Wahrheit zu erkennen. Wir sollen sie auch tun. Wir sollen sie in unserem ganzen Verhalten zum Ausdruck bringen. Wir sollen so handeln, dass es dem Wesen der Dinge und auch unserem eigenen Wesen entspricht. Wahr sind nicht die Sätze, die ein Mensch von sich gibt, sondern wahr ist sein Leben, wenn er in seinem Leben die Wahrheit verwirklicht und sie in der Liebe auch tut.

Thomas von Aquin definiert die Wahrheit als »adaequatio rei et intellectus«, als Angleichung von Sache und Intellekt. Wenn der Verstand die Dinge so schaut, wie sie in Wirklichkeit sind, dann entsteht Wahrheit. Diese Definition des hl. Thomas hat sich im Laufe der Zeit immer mehr von der ursprünglichen Bedeutung entfernt, die sie noch bei Thomas hatte. Sie wurde immer mehr so verstanden, dass unsere Sätze mit der Realität übereinstimmen müssen. Es sind also vor allem Aussagen, die wahr sind. Thomas war noch dem hl. Augustinus verpflichtet, der sich nicht auf die Sätze über die Wahrheit konzentrierte, sondern auf das Sein. Das Sein ist wahr. Oder wie Augustinus sagt: »Wahr ist das, was ist.« Es kommt darauf an, dass der Mensch das Sein des Seienden schaut. Dann erkennt er die Wahrheit.

Die Philosophie der Neuzeit möchte ich mit ihren vielen Diskussionen, ob wir überhaupt die Wahrheit erkennen können, übergehen. Ich möchte schließen mit Martin Heidegger, der die Wortbedeutung des griechischen »aletheia« übernimmt. Für ihn ist die Wahrheit die Unverborgenheit des Seienden und die Lichtung des Seins. Normalerweise ist das Sein dem Menschen verborgen. Wenn sich das Sein lichtet und sich in seiner Unverborgenheit zeigt, ist es immer Geschenk für den Menschen. Der Mensch erkennt nicht die Wahrheit, vielmehr zeigt sich ihm das Sein in seiner Unverborgenheit. Heidegger spricht von der Schickung des Seins, damit Wahrheit geschieht.

Gegen diesen klassischen Wahrheitsbegriff haben sich vor allem Karl Marx und Friedrich Nietzsche gewandt. Für Marx ist das Ganze der Welt unwahr. Es muss verändert werden. Die Wahrheit muss erst geschaffen werden, indem die Herrschaft des Kapitals, die dem Menschen schadet, gebrochen wird. Wahrheit wird also durch den Menschen geschaffen. Was wahr ist, bestimmt der Mensch. Nicht die Dinge sind wahr, sondern der Mensch schafft sich die Wahrheit so, wie er sie haben möchte. Ähnlich sieht es Friedrich Nietzsche. Er stellt jede vorgegebene göttliche Wahrheit in Frage. Er kritisiert den Willen zur Wahrheit und setzt dagegen den Willen zum Schaffen einer neuen Welt. Der Wille zur Wahrheit ist für ihn Wille zur Macht. Die Wahrheit ist Illusion. Entscheidend ist, dass der Mensch sich die Welt so schafft, wie er es möchte. Doch so entsteht eine Vielfalt von Wahrheiten. Denn die Menschen wollen nicht alle das Gleiche. Jeder will nur seine eigene Macht ausüben und sich die Wahrheit so formen, wie er sie haben möchte.

In unserer Gesellschaft erkennen wir durchaus die verschiedenen Auffassungen von Wahrheit wieder. Da vertreten vor allem die Gläubigen die Wahrheit so, wie sie Platon und in seiner modernen Auslegung Heidegger versteht. Wahrheit ist etwas Vorgegebenes. Der Mensch soll sich demütig der Wahrheit beugen. Er soll auf die Dinge hören, die ihm vorgegeben sind. Er soll alle Nebenabsichten loslassen und sich der Wahrheit des Seins stellen. Dann kommt er in seine eigene Wahrheit. Und Wahrheit wird von Theologen verstanden als Aufscheinen des wahren Wesens des Menschen. Nur wenn wir vertrauen, dass die Wahrheit eines Menschen durch allen Schein hindurch scheint, können wir ehrlich miteinander kommunizieren. Aber der Blick in die

Geschichte zeigt uns auch, dass wir uns beim Thema der Wahrheit nicht allein auf die Aussagen beschränken sollen. Das, was wir über die Wahrheit der Dinge, über die Wahrheit Gottes aussagen können, sind nur unsere Worte. Diese Worte können sich der Wahrheit nähern. Aber sie sind nicht die Wahrheit. Die Wahrheit ist das Sein, die Wahrheit ist Gott. Wir können uns nur bemühen, in unserem Erkennen und in unserem Sprechen dieser Wahrheit nahe zu kommen. Aber wir haben in unseren Sätzen nicht die Wahrheit.

Manche Politiker und Wirtschaftsbosse huldigen dagegen dem Wahrheitsbegriff eines Nietzsche. Sie wollen die Wahrheit selbst schaffen. Sie richten die Welt nach ihren eigenen Vorstellungen aus. Und das, was sie für richtig halten, das ist ihre Wahrheit. Doch damit verabschieden sie sich von dem, was Wahrheit eigentlich bedeutet. Sie spielen sich zu Herren über die Wahrheit auf und zu Herren über die Welt. Das christliche Menschenbild hat ein anderes Wahrheitsverständnis. Wahr ist das Sein. Die eigentliche Wahrheit ist Gott. Und die Wahrheit erkennen bedeutet, sich demütig dem Sein zu unterwerfen, wach auf es zu hören und das Wesen der Dinge zu erkennen.

2. Das biblische Verständnis von Wahrheit

Das Alte Testament hat für den griechischen Begriff Wahrheit den hebräischen Ausdruck »emet«. Dieses Wort hat immer auch die Bedeutung von Zuverlässigkeit. Lange war es in der Theologie üblich – vor allem im Gefolge von Rudolf Bultmann –, den hebräischen Begriff der Wahrheit dem griechischen Wahrheitsverständnis entgegen zu setzen. Hebräisch würde Wahrheit bedeuten: Zuverlässigkeit, Treue. Gott ist wahr. Auf ihn kann man sich verlassen. Bultmann sieht also den hebräischen Wahrheitsbegriff immer an eine Person gebunden. Es ist ein personales Verständnis von Wahrheit, während er das griechische Wort »aletheia« eben als »Unverborgenheit« rein sachlich versteht. Doch auch das hebräische Wahrheitsverständnis geht davon aus, dass ein Mensch dann wahr ist, wenn er die Dinge so sagt, wie sie sind, dass er die Sache richtig erkennt. Der eigentliche Unterschied zwischen dem biblischen und dem griechischen Begriff der Wahrheit besteht darin, »dass Wahrheit im biblischen Sinn *geschieht* und in Gestalt der Verheißung vor den Menschen liegt, und dass Gottes Treue-Wahrheit sich in der Geschichte *konkret* manifestiert«. (Vorgrimler 1400)

Das hebräische Wort für Wahrheit »emet« kann vier Bedeutungen haben:

1. Die Wahrheit wird realen Dingen zugeschrieben. Es bezeichnet dann Dinge, auf die man sich verlassen kann, z. B. einen Weg, der wirklich zum Ziel führt.

2. Emet kann das bezeichnen, was wahr ist, im Gegensatz zum Irrtum oder Unwissen. Hier bezieht sich die Wahrheit auf das Denken. Es braucht die weisheitliche Belehrung, um die Wahrheit zu erkennen.

3. Wahr ist die Rede, auf die man sich verlassen kann, im Gegensatz zur Lüge oder Täuschung. Das gilt für das zwischenmenschliche Verhalten, etwa vor Gericht, aber auch für die Beziehung des Menschen zu Gott, dem er mit aufrichtigem Herzen dienen soll.

4. Emet steht für die »Lauterkeit der interpersonalen Beziehungen«. Wahr ist also der aufrichtige Wandel vor Gott. Wahrheit ist hier zugleich Redlichkeit. (Vgl.

Werbick 933 f) Die Weisheitsbücher prangern immer wieder die lügnerischen Menschen an, die das Vertrauen in der menschlichen Gemeinschaft erschüttern: »Lügnerische Lippen sind dem Herrn ein Greuel, doch wer zuverlässig ist in seinem Tun, der gefällt ihm.« (Spr 12,22) Umgekehrt gilt: »Ein Mund, der die Wahrheit sagt, hat für immer Bestand, eine lügnerische Zunge nur einen Augenblick.« (Spr 12,19) Die Wahrheit und Wahrhaftigkeit ist also nicht nur Bedingung für ein menschliches Miteinander, sondern auch Grundlage für menschliche Selbstwerdung. Die Lüge verbiegt den Menschen und führt dazu, dass er in seinem Leben scheitert.

Das Neue Testament übernimmt teilweise die alttestamentliche Sicht der Wahrheit. Wahr ist das Denken und Reden. Jesus verkündet eine Lehre, die der Wahrheit entspricht. Und er ist in seinem Reden lauter. Er macht den Menschen nichts vor. Er bürgt für das, was er sagt, mit seiner Person. So müssen selbst seine Gegner bekennen: »Meister, wir wissen, dass du immer die Wahrheit sagst (alethes ei = wahr bist, wahrhaftig bist) und dabei auf niemand Rücksicht nimmst; denn du siehst nicht auf die Person, sondern lehrst wirklich (ep aletheias = in Wahrheit) den Weg Gottes.« (Mk 12,14)

In der Apostelgeschichte sagt Paulus von sich: »Was ich sage, ist wahr und vernünftig.« (Apg 26,25) Lukas übernimmt hier das griechische Wahrheitsverständnis. Wahr ist das, was der Wirklichkeit entspricht und was vernünftig ist, was also mit der Vernunft in Einklang ist. In den Pastoralbriefen wird vor allem die Wahrheit der Lehre betont. Die Verkünder sollen die wahre Lehre vortragen, die dem wahren Evangelium entspricht. Hier wird die Wahrheit dem Irrtum gegenübergestellt. Hier ist weniger das platonische Bild von Wahrheit leitend, sondern das der stoischen Philosophie, der es um die richtigen Sätze geht, um die richtige Lehre, die der Wahrheit entspricht.

Eine besondere Bedeutung hat der Begriff Wahrheit (aletheia) im Johannesevangelium. In Christus ist das Wort Gottes Fleisch geworden und die Herrlichkeit Gottes ist in ihm sichtbar geworden, »voll Gnade und Wahrheit«. (Joh 1,14) Gnade und Wahrheit entsprechen der Beschreibung Gottes im Alten Testament. Gott ist voll Huld und Treue. Doch die alttestamentlichen Begriffe bekommen bei Johannes eine neue Bedeutung. Gnade ist das göttliche Leben, das uns durch Jesus zuteilwird. Und Wahrheit ist nicht nur Beständigkeit und Treue, sondern auch die göttliche Wirklichkeit, die in Jesus offenbar wird. Johannes setzt dem

Gesetz des Mose Christus entgegen, durch den »die Gnade und die Wahrheit kamen«. (Joh 1,17) Rudolf Bultmann versteht die Wahrheit, von der Johannes spricht, als die göttliche Wirklichkeit. Gott selbst offenbart sich in Jesus Christus. Und er offenbart sich als der, der voller Liebe und Gnade ist, aber der auch in sich die Wahrheit ist. Die Wahrheit Gottes wird offenbar. Das bedeutet: Der Schleier, der über allem liegt, wird weggezogen. Und die Menschen schauen in Jesus die Herrlichkeit, die Wahrheit Gottes. Auch wenn heutige Exegeten den Ausführungen von Rudolf Bultmann nicht in allem folgen, so hat er für mich doch wesentliche Einsichten in das johanneische Wahrheitsverständnis entwickelt. Wahrheit ist auf der einen Seite die Offenbarung Gottes. Gott zeigt sich in Jesus Christus. Und Wahrheit ist eine Möglichkeit des menschlichen Existierens. In die Wahrheit kommt der Mensch vor allem durch den Glauben. Der Glaube bedeutet jedoch nicht ein Für-wahr-Halten von Sätzen, sondern ein neues Schauen. Im Glauben schaue ich mit neuen Augen auf den Menschen Jesus, aber auch auf die ganze Welt. Der Schleier, der über allem liegt, wird weggezogen. Und ich erkenne, dass Gott die eigentliche Wirklichkeit ist. Der Glaube ist aber nicht nur ein Schauen, sondern letztlich ein Sein in der Wahrheit. Das Geheimnis der Jünger Jesu besteht darin, dass sie in der

Wahrheit sind, dass sie in ihr wohnen. Ihr Leben bekommt einen neuen Geschmack, weil es nicht mehr in der Lüge, sondern in der Wahrheit wohnt.

In der Wahrheit wohnen ist für Johannes gleich mit: »im Licht leben«. Im 8. Kapitel führt Jesus ein Streitgespräch mit den Juden. Darin geht es darum, worin ein Mensch wohnt und lebt: »Wer mir nachfolgt, wird nicht in der Finsternis umhergehen, sondern wird das Licht des Lebens haben.« (Joh 8,12) Im Licht leben kann auch bedeuten: im Wort bleiben, im Wort wohnen. »Wenn ihr in meinem Wort bleibt, seid ihr wirklich meine Jünger. Dann werdet ihr die Wahrheit erkennen, und die Wahrheit wird euch befreien.«(Joh 8,31 f) Wahrheit ist also nicht nur etwas, was wir erkennen, sondern ein Raum, in dem wir wohnen, in dem wir sind und bleiben. Wer in diesem Raum der Wahrheit lebt, der ist frei. Das Gegenteil davon ist: im Raum der Sünde leben, in der Lüge leben. In der Lüge leben heißt nicht, dass wir lügen und über die Dinge falsch reden. Vielmehr meint in der Lüge leben: in der Täuschung leben, in der Scheinwirklichkeit der Welt leben (Bultmann 333). Die eigentliche Wirklichkeit ist Gott. Und Gott bedeutet zugleich wahres Leben. Wer in der Scheinwirklichkeit der Welt lebt, lebt nicht wirklich. Er führt ein Scheinleben. Das hat Bultmann richtig gesehen. Doch dann polemisiert er in seiner Auslegung dieser Stelle gegen die mystische Schau. Sein antimystisches Vorurteil lässt ihn da nicht erkennen, was Jesus im Johannesevangelium mit der Wahrheit meint, die uns befreit. Mystik heißt ja: Aufwachen zur Wirklichkeit. Wenn ich aufwache und die Wirklichkeit Gottes in allem erkenne, dann werde ich frei von den Illusionen, die mich so oft prägen, von der Illusion, perfekt zu sein, allen Menschen gefallen zu müssen. Die Wahrheit befreit mich zu meinem wahren Wesen. Und dann bin ich frei, keinem Urteil der Menschen unterworfen.

In der Lüge leben heißt, dass wir uns etwas vormachen. Wir leben so, wie andere es von uns erwarten. Das deutsche Wort »Lüge« hängt mit »leugnen« und »locken« zusammen. Die Lüge meint, dass ich die Wirklichkeit leugne, verberge, verheimliche. Ich lebe nicht in der Wirklichkeit, sondern in einem heimlichen Bereich, den ich mir selbst ausdenke. Und Lüge hat mit »locken«, mit »verführen« zu tun. Die Lüge reizt mich. Sie verheißt mir etwas, was meinen Bedürfnissen entspricht. Aber sie führt mich nicht zur Wirklichkeit, sondern in eine Scheinwelt. Sie malt mir gleichsam ein Schlaraffenland vor Augen, um mich dort hineinzuführen und mich dort gefangen zu halten.

In der Wahrheit leben entspricht unserem wahren Sein. Wer in der Wahrheit lebt, der erfährt sich als innerlich frei. Die Wahrheit schenkt wahres Leben. Wer in der Lüge lebt, der ist eigentlich tot. Jesus verkündet den Menschen die Wahrheit. Er offenbart ihnen Gott. Er zeigt ihnen, dass in ihm Gott selbst am Werk ist und Gott selbst spricht. Es sind Worte, die uns in eine andere Wirklichkeit hineinheben, in die Wirklichkeit Gottes. Jesus sieht seine Sendung darin, für die Wahrheit Zeugnis abzulegen. »Ich bin dazu geboren und dazu in die Welt gekommen, dass ich für die Wahrheit Zeugnis ablege. Jeder, der aus der Wahrheit ist, hört meine Stimme.« (Joh 18,37) Hier spricht Jesus nicht nur davon, dass wir in der Wahrheit leben, sondern dass wir aus der Wahrheit sind. Das ist fast identisch mit: aus Gott sein, aus Gott geboren sein. Wer aus der Wahrheit ist, wer um seine göttliche Wurzel weiß, der hört Jesu Stimme und versteht sie als Einladung, sich mitten in der Welt für Gott zu öffnen und Gott als die eigentliche Wirklichkeit zu erkennen. Wir sollen den Schein, der über allem liegt, durchschauen und die Welt so sehen, wie sie eigentlich ist: Schöpfung Gottes, von seinem Geist durchdrungen, von seiner Liebe erfüllt. Doch Pilatus antwortet auf das Zeugnis Jesu von der Wahrheit mit der Frage: »Was ist Wahrheit?« (Joh 18,38) Bultmann interpretiert diese Frage des Pilatus in dem Sinn, dass der Staat, den Pilatus vertritt, an der Wahrheitsfrage nicht interessiert ist. Die Frage drückt also weder Zustimmung noch Ablehnung aus, sondern Desinteresse an der Wirklichkeit Gottes. (Vgl. Bultmann 507 f)

Jesus spricht davon, dass er der wahre Weinstock ist. Es ist ein eigenartiger Satz: »Ego eimi he ampelos he alethine.« Man könnte diesen Satz so übersetzen: »Ich bin der Weinstock, der wahre, so wie er eigentlich gemeint ist. Ich erfülle das, was der Weinstock darstellt. Wer den Weinstock mit Augen des Glaubens anschaut, der erkennt in ihm das Geheimnis meiner Beziehung zu ihm, der erkennt darin meine Liebe, die ihn erfüllt. Ich erfülle die menschliche Sehnsucht nach einem Lebensbaum, der alle mit göttlichem Leben durchdringt.« Jesus will uns lehren, alle Dinge dieser Welt mit den Augen des Glaubens zu sehen. Dann erkennen wir, wer er für uns ist. Er ist der wahre Weinstock. Wir sind die Reben, die an ihm hängen, die von ihm und seiner Liebe durchströmt werden, damit wir Frucht tragen. Jesus ist die wahre Tür, die Tür, die das Wesen der Tür erfüllt, uns einen Raum zu öffnen, in dem wir zu leben vermögen. Er ist auch die Tür zu Gott und zum Geheimnis des Menschen. Jesus ist das wahre Brot, das vom Himmel herabkommt. Er erfüllt das, was Brot eigentlich meint: uns Leben zu schenken auf dem Weg durch die Wüste unseres Lebens. Wenn wir das Wasser in seinem wahren Wesen betrachten, erkennen wir in ihm das Wesen des Heiligen Geistes, der in uns zu einer Quelle wird, aus der wir trinken können. Wahr heißt hier immer: Wir schauen durch den Schleier der Dinge hindurch und erkennen in allem Gott und seinen Sohn Jesus Christus, der sich in diesen Dingen offenbart als das wahre Brot, das wahre Wasser, als der wahre Weinstock, als die wahre Tür.

Das johanneische Wahrheitsverständnis gipfelt in dem Satz Jesu: »Ich bin der Weg und die Wahrheit und das Leben.« (Joh 14,6) Wer auf Jesus schaut, der erkennt die Wahrheit, dem lichten sich alle Schleier. Das Sein wird ihm offenbar. Aber zugleich ist die Wahrheit auch Leben und Weg. Wir können die Wahrheit nicht besitzen. Indem wir vielmehr den Weg gehen, der Jesus selbst ist, geht uns die Wahrheit auf und in der Wahrheit das Leben. Wer in der Wahrheit ist, der erkennt einen Weg, wie sein Leben gelingt. Und er erfährt wahres Leben, ein Leben, das diesen Namen wirklich verdient. Ohne Christus lebt der Mensch in Unwissenheit. Er existiert nur, aber er lebt nicht wirklich. Jesus sagt nicht die Wahrheit, er ist die Wahrheit. In ihm offenbart sich Gott in seiner Liebe und Herrlichkeit. Man kann dieses Wort aber auch noch in anderer Weise verstehen. Jeder, der nach der Wahrheit sucht, der um die Wahrheit ringt, jeder, der sich nach einem gelingenden Leben sehnt, der erkennt in der Tiefe seines Herzens unbewusst schon Jesus Christus. Jesus ist die Erfüllung unserer Sehnsucht nach einem Weg, der uns zum Leben und zur Wahrheit führt.

Damit auch wir heute die Wahrheit erkennen und in der Wahrheit leben – also eigentlich leben –, sendet uns Jesus seinen Geist als den Geist der Wahrheit. »Es ist der Geist der Wahrheit, den die Welt nicht empfangen kann, weil sie ihn nicht sieht und nicht kennt. Ihr aber kennt ihn, weil er bei euch bleibt und in euch sein wird.« (Joh 14,17) Weil der Geist Jesu in uns ist, sind wir in der Wahrheit, leben wir mitten in der Welt in Gott und aus Gott. In der Wahrheit leben heißt letztlich, in Gott leben. In Gott kommen wir zu unserer eigenen Wahrheit, zu unserem eigentlichen Wesen. Nur wenn wir in der Wahrheit leben, leben wir als die Menschen, als die Gott uns geschaffen und gewollt hat. Die große Gefährdung des Menschen besteht für Johannes darin, dass er in der Lüge und in der Täuschung lebt, dass er sich etwas vormacht, dass er sich von Illusionen leiten lässt und nicht mit der Wirklichkeit in Berührung ist. Doch in der Wahrheit sein verlangt auch: die Wahrheit tun, so zu leben, wie es Jesus Christus und seiner Wahrheit, seiner ·Botschaft entspricht. Und die tiefste Wahrheit, die er uns verkündet, ist, dass Gott die Liebe ist. Daher bedeutet in der Wahrheit sein, immer auch: in der Liebe sein und die Liebe leben.

Was Jesus im Johannesevangelium über die Wahrheit sagt, ist wohl das Tiefste, was wir Menschen über die Wahrheit denken können. Hier ist die Wahrheit eine Person. Gott ist die eigentliche Wahrheit. Jesus ist einmal Zeuge für diese Wahrheit Gottes. Aber als Offenbarer Gottes ist er wie Gott zugleich selbst diese Wahrheit. Indem wir Jesus nachfolgen, indem wir von seinem Geist erfüllt werden und in und nach seinem Geist leben, haben wir teil an der Wahrheit, wird unser Leben wahr, wird unser Leben zu dem, was Gott dem Menschen verheißen hat: ein Leben in Freiheit und Wahrheit, in Liebe und Licht, ein Leben, das Frucht bringt für die Welt. Wenn wir in der Wahrheit sind, blüht unser Leben auf, entdecken wir die doxa, die Herrlichkeit, und die charis, die Liebe und Zärtlichkeit, die Gott dem Menschen in der Schöpfung und in der Erlösung durch Jesus Christus geschenkt hat.

3. Die Wahrheit und die Sprache

Jede Sprache hat ein eigenes Verständnis des Menschen und damit auch der Wahrheit. Das zeigen schon die verschiedenen Worte im Hebräischen und Griechischen. Das hebräische »emet« bedeutet nicht nur Wahrheit, sondern immer auch Zuverlässigkeit. Es meint die Übereinstimmung des Menschen mit der Sache, über die er eine Aussage macht. In diesem Wort ist also nie nur die Sache allein im Blick, sondern immer auch die Beziehung des Menschen zur Sache. Dieses Wort kann auch die aufrichtige Beziehung des Menschen zu Gott meinen. Wenn von Gott als der Wahrheit die Rede ist, dann ist damit mitgemeint, dass Gott zuverlässig und treu ist, dass man sich auf ihn verlassen, dass er ein fester Grund ist, auf den man sein Haus bauen kann.

Das griechische Wort »aletheia« kommt von »lethe« (Vergessen, Vergessenheit, Verborgenheit) und bedeutet eine Verneinung: Wahrheit heißt also, dem Vergessen entreißen, das Verborgene entbergen, offenbar machen. Wahrheit ist also Unverborgenheit, Lichtung des Seins. Das Sein wird offenbar. Interessant ist, dass Homer verschiedene Worte für Wahrheit benutzt. Dabei sind alle Worte eine Verneinung. So spricht er von »nemertes = nicht verfehlend (von harmatanein = verfehlen, sündigen) oder von »atrekes« = unverdreht, unumwunden. Die Wahrheit hat also immer damit zu tun, dass etwas nicht verfälscht, verdreht, verfehlt wird, sondern dass das Sein sich zeigt, wie es ist. Das Sein ist wahr. Wahrheit bedeutet, dass es sich lichtet und dem Menschen offenbart.

Das deutsche Wort für Wahrheit kommt von der indogermanischen Wurzel »uer«, das »Gunst, Freundlichkeit erweisen, einen Gefallen tun« bedeutet. Davon kommt das russische Wort »vera« = Glaube. Wahrheit bedeutet für die deutsche Sprache also offensichtlich, dass man dem andern vertrauen kann. Wer mir die Wahrheit sagt, der erweist mir einen Gefallen, der behandelt mich freundlich. Er verbirgt mir nichts, sondern zeigt mir, wie es um die Dinge und wie es um mich steht. Aber es zeigt auch, dass Wahrheit nie abstrakt gesehen werden kann, sondern immer in Beziehung zu dem, der mir die Wahrheit sagt. Im Offenbaren von Wahrheit zeigt sich eine tragfähige Beziehung.

Die Wahrheit kann ich aber auch nur dem sagen, dem ich vertraue und der Vertrauen in mich hat. Das Wort Wahrheit hat die gleiche Wurzel wie das Wort »Wirt« und »gewähren«. Wer mir die Wahrheit sagt, bewirtet mich, nährt mich. Er ist ein Gastfreund, der mich an seinen Tisch einlädt und mir die Dinge so erzählt, wie sie sind. Und er gewährt mir eine Gefälligkeit, er gesteht es mir zu, die Wahrheit zu erfahren. Er erlaubt es mir, an der Wahrheit teilzuhaben. All diese Sprachverbindungen zeigen, dass die Germanen die Wahrheit nie nur als ein Offenbarwerden einer Sache gesehen haben, sondern immer schon als Beziehungsgeschehen. Einer gibt dem andern an seinem Wissen Anteil, lässt ihn an der Wahrheit teilnehmen, die er erkannt oder erfahren hat. Die Wahrheit kann man dem andern nicht um den Kopf schlagen. Das ist keine Wahrheit im Sinn der germanischen Erfahrung, sondern ein Bloßstellen. Die Wahrheit gewährt immer Anteil am Sein. Ihm etwas aufzudecken ist eine Wohltat.

Das Thema Wahrheit und Sprache beschränkt sich jedoch nicht nur auf die verschiedenen Wortbedeutungen von »aletheia«, »veritas« und »Wahrheit«. Vielmehr ist die Sprache auch der Ort, an dem Wahrheit geschieht. Für den Philosophen Hans Georg Gadamer bringt jeder Text der Tradition etwas Wahres zur Sprache. Den Text verstehen heißt immer auch sich selbst besser verstehen. Und im Hören auf einen Text, auf eine bestimmte Deutung der Wirklichkeit, geschieht Wahrheit, geschieht Offenbarwerden von etwas, das die konkrete Wahrheit des Textes und des Hörers oder Lesers übersteigt. Es entsteht eine Horizontverschmelzung zwischen dem, was der Text über die Wirklichkeit sagt, und dem Leser, der mit einem bestimmten Verständnis von Sein und Welt an den Text herangeht. Jede menschliche Wahrheit ist immer begrenzt. Sie ist Deutung der Wirklichkeit. Durch das Lesen und Verstehen von Texten wird meine Sicht der Wahrheit erweitert. Die Wahrheit wird gefunden in der Begegnung zwischen dem Leser und einem Text. »Wahrheit ist etwas, das sich zuspielt, weil zwischen dem Sinnanspruch einer Vorgabe und einem fragenden Rezipienten eine Gemeinsamkeit im Sinn eines Zu-tun-Habens mit der gleichen Sache besteht.« (Werbick 937) Und Wahrheit hat immer mit mir selbst zu tun. Gadamer drückt das so aus: Es gilt, »dass, wer versteht, sich versteht, sich auf Möglichkeiten seiner selbst hin entwirft.« (Gadamer 246) Die Wahrheit eines Textes zu verstehen bedeutet immer, sich selbst und sein geschichtliches Dasein zu verstehen. Sein ist bei Heidegger immer auch geschichtliches Sein.

Dieses Konzept der Wahrheitserkenntnis, das Hans-Georg Gadamer in seinem bekannten Buch »Wahrheit und Methode« dargelegt hat, ist vor allem für den Umgang mit der Bibel von verschiedenen Theologen fruchtbar gemacht worden. Der Text der Bibel spielt mir die Wahrheit zu, indem ich ihm begegne und mich auf ihn einlasse. Mir geht etwas Neues über mich und die Welt auf. Die Sache selbst, also die Wahrheit des Seins, kann man nach Gadamer nicht von der Sprache trennen. Es geht darum, in der Auslegung eines Textes die Sprache zu finden, die die Sache selbst offenbar werden lässt. Wahrheit geschieht im Lesen von Texten. »Lesendes Verstehen ist nicht ein Wiederholen von etwas Vergangenem, sondern Teilhabe an einem gegenwärtigen Sinn.« (Gadamer 370) Das ist freilich ein anderes Wahrheitsverständnis als das thomistische. Aber dennoch verweist uns Gadamer auf eine Dimension der Wahrheit, die für uns heute eine wichtige Bedeutung hat. Wahrheit ist jenseits der Sprache. Gott ist die eigentliche Wahrheit, jenseits aller Worte und Bilder. Obwohl wir um die Relativität jeder Sprache wissen, wird uns die Wahrheit dennoch durch die Sprache vermittelt. In der Sprache kommt das Sein zum Ausdruck.

Die Sehnsucht der Sprache ist, dass sie die Dinge richtig benennt, oder wie es Juan Ramon Jimenez ausdrückt, »dass mein Wort die Sache selber sei« (Sprache 55). Für Romano Guardini begegnen sich in der Sprache »das Wesen eines Dinges und etwas aus unserer eigenen Seele, das vor jenem Ding erwacht« (Sprache 59). Doch zugleich klagt Guardini darüber, dass die Sprache die Beziehung zum Wesen der Dinge verloren habe und nur noch »ein eilfertiges Klappern der Wortmünzen« geworden sei. (Ebd 60) Die Sprache ist nicht einfach die Bezeichnung dessen, was ist. Karl Rahner spricht von Urworten, in denen das Geheimnis der Dinge zum Ausdruck kommt und die Tiefen des menschlichen Bewusstseins mit den Tiefen unserer Welt verbindet. Wer die Einheit allen Seins erkennt, der »spricht Urworte, die das Geheimnis beschwören. Es ist immer unübersichtlich und dunkel wie die Wirklichkeit selbst, die sich in solchen Erkenntnisworten unser bemächtigt und in ihre unübersehbaren Tiefen zieht. In den Urworten sind Geist und Fleisch, das Gemeinte und sein Symbol, Begriff und Wort, Sache und Bild noch ursprünglich, morgendlich eins.« (Ebd 95) Auch wenn das Urwort das Sein nicht in seiner Klarheit zum Vorschein bringt, so hat es doch immer mit der Sache selbst zu tun. »Das Urwort ist im eigentlichen Sinn die Darstellung der Sache selbst … Es bringt die besagte Wirklichkeit her, es macht sie ›präsent‹, es vergegenwärtigt und stellt dar.« (Ebd 96)

4. Die Wahrheit der Dogmen

In der theologischen Diskussion zwischen den Konfessionen und zwischen den Religionen geht es häufig um die Frage, wer im Besitz der Wahrheit ist. Innerhalb der katholischen Kirche pocht das Lehramt darauf, dass es der Hüter der Wahrheit ist. Es maßregelt Theologen, die nach seiner Meinung falsche Aussagen über den Glauben machen. Doch bei aller Diskussion über Aussagen, die dem Glauben entsprechen und die ihm widersprechen, müssen wir uns der Relativität aller menschlichen Aussagen bewusst sein. Und wir müssen uns auch der Relativität der Dogmen bewusst werden. Es geht nicht darum, die Dogmen abzuschaffen oder sie in Zweifel zu ziehen. Was die Kirche als Dogma aufgestellt hat, ist immer ein Pflock, den sie in das Feld der verschiedenen Meinungen hinein gerammt hat, damit die Theologen darin eine Richtung erkennen, in der sie weiter denken sollen. Aber das Dogma ist nie das Ende einer Diskussion, sondern immer nur der Versuch, Licht in das Dunkel der gegensätzlichen Lehren zu bringen.

Manche meinen, die Kirche würde mit den Dogmen an einem starren Wahrheitsbegriff festhalten. Und sie würde sich anmaßen, die Wahrheit genau zu kennen. Doch das ist nie der Sinn der Dogmen. Und die Kirchenväter, die auf den Konzilien heftig gestritten und diskutiert haben, waren sich bewusst, dass Gott immer größer ist als alle menschlichen Aussagen über ihn. Dennoch waren sie sich bewusst, dass das richtige Reden über Gott immer auch zum richtigen Reden über den Menschen führt. Daher war es Anliegen der dogmatischen Streitigkeiten, dem Menschen gerecht zu werden. Auch hier kann man das Wort Jesu zitieren: »Der Sabbat ist für den Menschen da, nicht der Mensch für den Sabbat.« (Mk 2,27) So gilt auch: Das Dogma ist für den Menschen da und nicht der Mensch für das Dogma. Das Dogma ist der Hüter des Menschen. Es wacht darüber, dass der Mensch über sich selbst und Gott richtig denkt und durch richtiges Denken in seine eigene Wahrheit kommt.

Manchmal stoßen wir uns an der fremden Sprache der Dogmen, die mit unserer heutigen Sprache und mit unserer naturwissenschaftlichen Logik nicht immer übereinstimmen. Aber gerade die Fremdheit der Sprache will in uns – nach einem Wort von Max Horkheimer – die Sehnsucht nach dem ganz Anderen wach halten.

Man könnte sagen: Dogmatik ist die Kunst, den Menschen für das Geheimnis zu öffnen. Dogmatik versteht sich in dieser Welt, in der man alles erklären will, als Hüterin des Geheimnisses. Sie will das Geheimnis offen halten. Sie wacht darüber, dass die Menschen nicht in der Nivellierung der Sprache ihre eigene Tiefe verlieren. Sätze wie »Jesus war nichts als ein religiös begabter Mensch« oder »Das Böse ist nichts als unterdrückte Aggression« nivellieren die Wirklichkeit der Welt auf das Banale. Die Dogmen besitzen nicht die Wahrheit, aber sie öffnen das menschliche Denken, das alles vereinnahmen und erklären möchte, für das unaussprechliche Geheimnis, das zwar durch die Sprache vermittelt, aber letztlich jenseits aller menschlichen Sprache ist. Die Dogmatik spricht eine Sprache, die über die Sprache hinausweist in das Geheimnis Gottes und in das Geheimnis des Menschen hinein.

5. Die Tugend der Wahrhaftigkeit

Während die Wahrheit einfach da ist, muss die Tugend der Wahrhaftigkeit errungen werden. Dabei hat die Wahrhaftigkeit verschiedene Dimensionen. Die erste Dimension besteht darin, dass ich die Wahrheit sage und die Wahrheit liebe. Romano Guardini versteht unter der Wahrhaftigkeit, »dass man die Wahrheit sage; und nicht nur einmal, sondern immer wieder; so, dass eine dauernde Haltung daraus wird« (Guardini 21). Die Tugend der Wahrhaftigkeit verlangt aber auch, dass ich die Wahrheit nicht nur sage, sondern sie auch tue. Wer dieser Tugend folgt, der findet zu einer inneren Klarheit und Festigkeit.

Die Tugend der Wahrhaftigkeit sieht das Sagen der Wahrheit aber nicht ohne die Beziehung zu den Menschen. Daher muss die Tugend immer auch mit Lebenserfahrung gekoppelt sein und mit der Achtung vor der Würde des andern sowie mit Liebe und Güte. Guardini spricht von Menschen, die so fixiert sind auf die Wahrhaftigkeit, dass sie kein Gespür für den Augenblick haben: »Eine im falschen Augenblick oder in falscher Weise gesagte Wahrheit kann einen Menschen auch derart verwirren, dass er Mühe hat, wieder zurechtzukommen. Das wäre keine lebendige, sondern einseitige Wahrhaftigkeit; schadend, ja zerstörend.« (Ebd 22) Daher muss das Sagen der Wahrheit immer »auch von Takt und Güte bestimmt sein«. Um einem andern die Wahrheit sagen zu können, brauche ich ein Gespür für den andern und für seine momentane Situation. Der Volksmund weiß um dieses feine Gespür, das man braucht, um im rechten Augenblick die Wahrheit sagen zu können. Da heißt es: »Auch die Wahrheit ist eine Lüge, zur Unzeit geredet.« Ein anderes Sprichwort sagt: »Die Wahrheit muss sich gut verhüllen, wenn man sie nicht ins Gesicht schlagen soll.«

Guardini zitiert den eigenartigen Satz aus dem Epheserbrief, die Christen sollten »aletheuein en agape«. (Eph 4,15) Die Einheitsübersetzung versteht diese Worte so: »Wir wollen uns, von der Liebe geleitet, an die Wahrheit halten.« Doch wörtlich heißt es: »in Liebe wahrheiten, in Liebe die Wahrheit sagen, tun, sein«. Wahrhaftigkeit meint also nie nur das Sprechen, sondern auch das Sein, das Übereinstimmen mit seinem

44

innersten Wesen. Und Wahrhaftigkeit meint eine Beziehung zum andern aufnehmen, in der die Liebe bestimmend ist. Es gibt keine Wahrhaftigkeit ohne Liebe. Ohne Liebe wird der Drang, die Wahrheit zu sagen, aggressiv und verletzend. Die Liebe bewahrt uns davor, dass wir dem andern die Wahrheit ins Gesicht schlagen. Aber zugleich schützt sie uns, dass wir uns nicht verbiegen. Denn das ist die andere Gefahr, dass man vor lauter Rücksicht auf den andern die Wahrheit zurück hält. Das Sprichwort sagt: »Die Wahrheit darf man auch dem Freunde nicht opfern.« Die Liebe entscheidet, wie und ob ich dem Freund die Wahrheit sage. Die Liebe verbiegt die Wahrheit nicht. Doch sie gibt ihr ein Gewand, das der Freund anziehen mag.

Die Wahrhaftigkeit ist die Bedingung tragfähiger Gemeinschaft. Durch die Lüge wird die Gemeinschaft zerstört. »Die Weisen der Gemeinschaft, die dauern, wachsen, fruchtbar werden sollen, müssen immer reiner in die Wahrheit des Einen gegen den anderen hineinwachsen, sonst zerfallen sie.« (Ebd 24) Die Tugend der Wahrhaftigkeit bedeutet aber auch, dass ich mir selbst gegenüber wahr bin, dass ich mir selbst nichts vormache. Diese Tugend führt dazu, dass »der Mensch in sich selbst Stand fasst, zum Charakter wird. Dieser ruht darauf, dass dem Menschen jene Festigkeit ins

Wesen gegangen sei, die sich in Sätze ausdrückt: Was ist, das ist. Dafür stehe ich. Im Maße das geschieht, gewinnt der Mensch Stand in sich selbst.« (Ebd 26) So ist die Wahrhaftigkeit ein Weg zur inneren Mitte, zum wahren Selbst. »In jedem wahren Gedanken und Wort und Tun festigt sich, unmerklich, aber wirksam, die innere Mitte, das wahre Selbst.« (Ebd 27)

Der Philosoph Otto Bollnow versteht Wahrhaftigkeit etwas anders. Sie besteht für ihn nicht in erster Linie darin, das Wahre zu sagen, sondern sie bezieht sich auf »das Verhalten des Menschen zu sich selbst« (Bollnow 135). Und die Unwahrhaftigkeit ist nicht nur da gegeben, wo ich mal nicht die Wahrheit sage, sondern in der Tendenz, sich anzupassen und sein wahres Wesen zu verfehlen. Die Wahrhaftigkeit »wendet sich nach innen, d. h. sie lebt in der Beziehung des Menschen zu sich selbst«. (Ebd 139) Bollnow stellt die Wahrhaftigkeit neben ähnliche Haltungen des Menschen, neben die Ehrlichkeit und Offenheit. Beide Haltungen sind der Wahrhaftigkeit verwandt. Aber das Wesen der Wahrhaftigkeit erkennt er in einer inneren Haltung des Menschen sich selbst gegenüber. Wer in sich wahrhaftig ist, wer mit seinem Wesen übereinstimmt und das auch durch sein Sprechen, sein Handeln und seine Gebärden zum Ausdruck bringt, der ist auch ehrlich und verlässlich. Auf den kann man sich verlassen. Er steht fest in sich selbst. Er ruht in sich.

Die Ehrlichkeit bezieht sich mehr auf das Verhalten nach außen. Wie das Wort schon sagt, hat es mit der Ehre zu tun. Ehrlich ist ein Mensch in seinem Tun, »insofern er in ihm seine Ehre wahrt, und unehrlich, insofern er die Ehre verletzt«. (Ebd 142) Der Wahrhaftige ist ehrlich, und er ist zugleich aufrichtig. Er lebt aufrecht. Er verbiegt sich nicht vor den Menschen, um ihre Erwartungen zu erfüllen. Und er ist echt, authentisch. Wir sagen von so einem Menschen: Er »ist ein wahrer Mensch, das bedeutet: ein Mensch, so wie er sein soll, von einer echten und tiefen Menschlichkeit getragen«. (Ebd 146) Während der wahrhaftige Mensch sich selbst gewinnt und in sich festen Stand findet, verliert der Unwahrhaftige sein Selbst-Sein. Er wird wesenlos und substanzlos. Daher ist die Wahrhaftigkeit für das Finden der eigenen Identität für den Menschen so wichtig. Das Wahrhaftigwerden ist für Bollnow »das Zentrum der eigentlichen Selbstwerdung des Menschen. Nur auf diesem Boden kann sich dann auch Treue und Verlässlichkeit erheben.« (Ebd 153)

Wenn wir diese philosophischen Beobachtungen zur Tugend der Wahrhaftigkeit auf unser Leben hin bedenken, so erkennen wir, dass Wahrhaftigkeit nicht eine Tugend neben anderen ist, sondern dass von ihr abhängt, ob unsere Menschwerdung gelingt. Sie ist die Tugend, die uns dazu führt, ganz wir selbst zu sein, authentisch zu sein, in Übereinstimmung mit unserem inneren Wesen zu sein. Wir sehnen uns heute nach solcher Tugend. Die Sehnsucht nach *Wahrhaftigkeit* ist zugleich die Sehnsucht nach der *Authentizität*. Wenn wir von einem Menschen sagen, er sei authentisch, dann meinen wir, er sei glaubwürdig, er stimme mit seinem wahren Selbst überein, er sei echt. Mit der Aussage, der andere sei echt, meinen wir, dass sein inneres Sein mit seinem äußeren Ausdruck übereinstimme. Authentisch kommt einmal von »autos« und meint den Menschen, der ganz er selber ist. Und es kommt von »authentes = der Urheber, der selbst Vollbringende«. Authentisch ist der Mensch, der sich selbst gestaltet und formt und nicht von außen bestimmt wird. Und authentisch ist der, der mit dem ursprünglichen Bild übereinstimmt, das Gott sich von ihm gemacht hat. Allzu leicht sind wir in Gefahr, uns zu verbiegen, uns anzupassen, um bei den andern gut anzukommen. Doch wenn wir gegen unsere innere Wahrheit leben, nur damit wir bei andern beliebt sind, tut uns das nicht gut. Manchmal rebelliert dann der Körper dagegen. Er wird krank und mahnt uns, wahrhaftig zu sein, authentisch zu werden, in Übereinstimmung mit der eigenen Wahrheit zu leben.

Die Haltung der *Authentizität* wurde in der Antike mit einer anderen Tugend verbunden, mit der *Autarkie.* Autarkie meint, dass der Mensch sich selbst genügt. Er braucht keine äußeren Güter. Er kann sich selbst mit allem Notwendigen versorgen. Doch diese äußere Autarkie wurde dann von der stoischen Philosophie verinnerlicht. Der Mensch braucht kein äußeres Glück. Das Glück besteht in der Tugend allein. Und die hat der Mensch in sich. Plotin, der Mystiker unter den antiken Philosophen, begründet die Autarkie des Weisen damit, dass er an Gott teilhat und in Gott an allem Guten. Das macht ihn innerlich frei gegenüber den Meinungen der Menschen und gegenüber den eigenen Bedürfnissen. Die griechischen Kirchenväter übernehmen die Haltung der Autarkie auch für die Christen. Klemens von Alexandrien meint, der Christ als der wahre Gnostiker besitze und beherrsche sich selbst. Das macht ihn innerlich frei von den Lockungen und Drohungen der Welt. Das ermöglicht ihn, in dieser Welt ganz er selbst zu sein. Johannes Chrysostomus begründet die Autarkie des Christen im Verankertsein in Gott, die allein frei macht. Der Mensch, der sich selbst genügt, weil er Gottes unermesslichen Reichtum in sich hat, ist frei, ganz er selbst zu sein. Er hat es nicht nötig, sich nach der Meinung der anderen zu richten. Er lässt sich nicht von der Angst leiten, er könne seine Güter verlieren. Er braucht sich nicht zu verbiegen, damit er in der Gesellschaft anerkannt ist. Er hat in Gott seinen wahren Wert erfahren. Das ermöglicht es ihm, wahrhaft ganz er selbst zu sein, »autos« und »authentisch« zu sein.

Die Frage ist, wie wir diese Tugend der Wahrhaftigkeit einüben können. Der eine Weg geht über die Achtsamkeit. Ich achte auf mein Sprechen, auf meine Verhaltensweisen andern gegenüber und frage mich immer wieder: Stimmt mein Sprechen mit meiner innersten Wahrheit überein? Stimmt mein Leben so, wie ich es lebe? Oder lebe ich an mir und meiner Wahrheit vorbei? Die inneren Stimmen zeigen mir, ob ich stimmig bin, ob ich mit meinem Wesen übereinstimme. Ein konkreter Weg, die innere Wahrhaftigkeit einzuüben, wäre folgende Übung, die auf ein Wort Jesu im Lukasevangelium zurückgeht. Als Jesus nach seiner Auferstehung den Jüngern begegnet und sie vor ihm erschrecken, sagt er zu ihnen: »Ego eimi autos = ich bin ich selbst.« Das »autos« ist für die stoische Philosophie das innere Heiligtum des Menschen. Es bezeichnet den geheiligten Bezirk, in dem der Mensch ganz er selbst ist, nicht verbogen von den Erwartungen anderer, nicht bestimmt von den eigenen Affekten, sondern rein er selbst. Dieses Wort Jesu können wir meditieren, indem wir in alles, was in uns an Bildern und Gedanken auftaucht, hineinsprechen: »Ich bin ich selber.« Wenn ich das in meine Arbeit, in meine Beziehungen zu Freunden, in meine Begegnungen hineinspreche, dann werde ich erkennen, wie oft ich nicht ich selber bin. Ich passe mich den Erwartungen an. Ich verhalte mich so, dass ich bei den Menschen ankomme. Ich spiele Rollen. Ich setze Masken auf. Aber wenn ich immer wieder dieses Wort in alle Situationen meines Lebens hineinspreche, werden allmählich meine Masken abfallen, die Rollen zurücktreten, alles Angepasste sich auflösen – und mein wahres Selbst meldet sich zu Wort. All die Bilder, die ich von mir gemacht habe und die andere mir übergestülpt haben, fallen weg. Ich kann dieses »Selbst« nicht genau beschreiben. Aber ich bekomme eine Ahnung von innerer Freiheit und Echtheit. Der Druck, mich anderen gegenüber beweisen zu müssen, fällt weg. Ich muss mich weder beweisen noch anpassen, damit ich überall beliebt bin. Ich bin einfach ich selber. Das schenkt mir einen tiefen inneren Frieden und eine innere Weite. Das »Ich bin ich selber« ist nicht gegen andere gerichtet, als ob ich ihnen zeigen müsse, dass ich jetzt ganz ich selbst bin und nicht mehr abhängig von ihnen und ihrer Gunst. Nein, dieses »Ich bin ich selber« ist absichtslos. Ich bin einfach da. Das genügt. Und in diesem Dasein spüre ich auch, dass ich in Gott bin. Dieses wahre Selbst hat auch eine Ahnung, dass es von Gott umgeben ist, dass Gott der eigentliche Grund ist, auf dem ich ich selbst bin. Denn Gott hat sich dem Mose gegenüber im Alten Testament schon geoffenbart als »Ich bin, der ich bin«. In dem Wort »ich bin ich selber« ahnen wir etwas von der Einzigartigkeit Gottes, an der wir teilhaben dürfen, wenn wir zu unserem wahren Selbst finden.

6. Die Tugend der Verlässlichkeit

Eine Weise der Wahrhaftigkeit ist auch die moderne Tugend der Verlässlichkeit. Wir sehnen uns heute nach verlässlichen Menschen, nach Aussagen, auf die man sich verlassen kann. Aber die Sehnsucht nach Verlässlichkeit hat sich noch nicht in den spirituellen oder theologischen Lexika niedergeschlagen. Dort sucht man vergebens nach der Tugend der Verlässlichkeit. Die deutschen Sprichwörter preisen kaum die Tugend der Verlässlichkeit. Sie warnen vielmehr davor, wie leicht man sich verlassen fühlen kann, wenn man sich auf andere verlässt: »Wer sich auf andere verlässt, ist verlassen genug.« Und sie zweifeln eher an der Verlässlichkeit der Menschen: »Man kann sich auf ihn verlassen wie auf das Eis einer Nacht.« Das Eis, das nur eine Nacht alt ist, ist nicht tragfähig. So drücken sich in der Sprache eher die Zweifel an der Verlässlichkeit des Menschen aus.

Und dennoch sehnen wir uns danach, uns auf einen Menschen verlassen zu können, ohne uns verlassen zu fühlen. Was meint die Tugend der Verlässlichkeit? Wir sagen: »Auf einen Menschen ist Verlass.« Damit meinen wir: Diesem Menschen kann ich vertrauen. Er ist zuverlässig, gewissenhaft und vertrauenswürdig. Verlass bedeutet: Vertrauen setzen in einen Menschen. Und das führt immer auch zur Erfahrung der Sicherheit. Wenn ich mich auf den Busfahrer verlassen kann, dass er pünktlich mit dem Bus ankommt und abfährt, dann fühle ich mich sicher. Das befreit mich vom ängstlichen Hin und Her, wann und ob der Bus überhaupt kommen wird. Verlässlichkeit spart uns viel Energie, die wir sonst mit ängstlichen Überlegungen vergeuden.

Was macht einen Menschen verlässlich? Ein wahrhaftiger Mensch ist immer auch ein verlässlicher Mensch. Er spielt mir nichts vor. Er meint das Wort so, wie er es sagt. Aber er sagt nicht nur ehrlich seine Meinung. Er steht auch für sein Wort ein. Wenn er etwas verspricht, kann ich mich darauf verlassen. Und wenn er eine Überzeugung ausspricht, dann weiß ich, dass er damit keine Nebenabsichten verfolgt, sondern so spricht, weil er so denkt, weil er das so erkannt hat. Verlässlichkeit bedeutet nicht, dass der wahrhaftige Mensch immer die Wahrheit erkennt und ausspricht. Vielleicht sieht er die Wirklichkeit nicht richtig. Aber seine Worte entsprechen seinem Denken und seiner Überzeugung, die er nach redlichem Nachdenken gewonnen hat. Und weil er seine Meinung nicht einfach so dahinsagt und sie je nachdem, woher der Wind weht, wieder ändert, sondern dazu steht, kann ich mich auf ihn verlassen.

Die Verlässlichkeit hat mit Treue, mit Festigkeit zu tun. Der verlässliche Mensch ist ein standhafter Mensch, der in sich steht und zu sich steht und für seine Überzeugung einsteht. Das verleiht auch den Menschen, die mit ihm umgehen, Stehvermögen. Die deutsche Sprache kann die Verlässlichkeit auch noch verstärken, indem sie von Zuverlässigkeit spricht. Wenn ein Mensch zuverlässig ist, dann hat seine Verlässlichkeit eine klare Richtung. Der Zuverlässige ist auf meine Bitte oder auf meine Zusage hin ausgerichtet. Er lässt sich darauf ein.

Auch wenn das Wort »Verlassenheit« der »Verlässlichkeit« nahe steht, hängt es doch nicht miteinander zusammen. Viele Menschen fühlen sich heute von andern verlassen. Kinder fühlen sich von den Eltern verlassen. Wenn mich jemand verlässt, kann ich mich nicht auf ihn verlassen. Er verlässt seine Zusage, er lässt die Beziehung zu mir los. Sie ist ihm nicht mehr wichtig. Die Verlassenheit ist eine Not, unter der viele leiden. In der geistlichen Begleitung treffe ich viele Menschen, die sich als Kind von ihrem Vater verlassen fühlten, weil er ihre Mutter verlassen hat. So tun sich diese Menschen oft schwer, einem andern zu vertrauen und sich auf ihn und seine Treue zu verlassen. Sie sehnen sich nach Verlässlichkeit und vermögen selbst diese Tugend doch nur schwer zu verwirklichen. Denn sie haben sie als Kind nicht erlebt. Verlässliche Beziehungen sind für das gesunde Heranwachsen von Kindern notwendig. Ohne die Erfahrung von verlässlichen Menschen tun sich Kinder schwer, ihre eigene Identität zu finden und zu sich selbst zu stehen. Sie hängen sich entweder an Menschen fest, um Sicherheit in ihrem Leben zu erfahren. Oder aber sie verschließen sich andern gegenüber, aus Angst, sie könnten wieder enttäuscht werden. Wer sich von andern Menschen verlassen fühlt, der ist auch in Gefahr, sich selbst zu verlassen. Er kann es bei sich nicht aushalten und geht so von sich weg. Doch von solchen Menschen sagt das Sprichwort: »Wer sich selbst verlässt, ist auch von Gott verlassen.« Solche Menschen fühlen sich nicht nur von andern, sondern auch von Gott verlassen. Verlassenheit ist ihr Grundgefühl. Umso mehr sehnen sie sich danach, verlässliche Menschen zu treffen, auf die sie sich verlassen können, die sie nie verlassen werden.

Verlässlichkeit und Zuverlässigkeit hängen mit der *Treue* zusammen. Treue ist immer auf einen Menschen ausgerichtet. Sie gehört »zu den grundlegenden Tugenden des menschlichen Daseins; denn ohne dass sich der eine auf den andern verlassen könnte, dass er ihm ›trauen‹ könnte, ist menschliches Zusammenleben *schlechterdings* nicht möglich.« (Bollnow 154) Treue ist immer Du-Treue. Daher wird vor allem der treue Freund in der Antike gepriesen. Treue gibt es in der Partnerschaft. Aber Treue braucht jedes Miteinander, vor allem auch das Miteinander von Eltern und Kindern. Die Treue schafft einen Raum der Sicherheit und Festigkeit, in dem die Kinder gedeihen können. Treue schenkt den Kindern einen festen Halt. Und die Treue der Eltern den Kindern gegenüber ermöglicht ihnen, dass sie ihr eigenes Selbst entdecken und entfalten. Denn wer sich selbst treu ist, der gewinnt erst sein wahres Selbst.

Die Tugend der Verlässlichkeit zeigt sich im Menschen auch in anderen Haltungen. Eine verwandte Tugend ist die der *Aufrichtigkeit*. Wie das Wort schon aussagt, meint es den aufrechten Menschen, der zu sich selber steht, der sich nicht verbiegt. Er hat das Gefühl für das Richtige, er ist richtig. Richtig kommt von »recht«, das vom lateinischen »rectus = gerade, geradlinig, richtig,

sittlich gut« abgeleitet ist. Richtig hat auch mit »rege-
re = gerade richten, lenken, leiten, herrschen« zu tun.
Richtig ist der Mensch, der sich selbst lenkt und leitet und nicht von andern bestimmt wird. Das Gegenteil der Aufrichtigkeit ist nicht die Verlogenheit, sondern »die schwächliche Nachgiebigkeit, die sich jeder
Anforderung sogleich anpasst und wenigstens für den
Augenblick nachzugeben scheint. Ihr mimischer Ausdruck ist die Unsicherheit, die dem andern nicht frei
ins Auge zu sehen wagt. Die Aufrichtigkeit setzt dem-
gegenüber schon immer das freie Vertrauen zur eignen
Kraft voraus.« (Bollnow 143)

Der aufrichtige Mensch, der zu sich steht und sich nicht
verbiegen lässt, ist immer auch rechtschaffen. Er schafft
das Rechte. Er handelt richtig, weil er recht beschaffen
ist, richtig gemacht ist. Auf aufrichtige und rechtschaf-
fene Menschen kann man sich verlassen. Sie werden einen nicht täuschen. Sie biegen sich nicht beim ersten
Widerstand um und verändern ihr Vorhaben. Wenn sie
etwas versprochen haben, so halten sie es ein. An solchen aufrichtigen Menschen kann man sich selbst auf-
richten. Da bekommt man auf einmal Standfestigkeit
und Standhaftigkeit. Diese Standfestigkeit ist nicht mit
Sturheit zu verwechseln, sondern mit innerer Klarheit
und mit dem Mut, zu sich selbst zu stehen.

II.

Wahrheit und Wahrhaftigkeit

in den Feldern des Lebens

Wenn ich konkret über Wahrheit und Wahrhaftigkeit in den verschiedenen Bereichen menschlichen Lebens spreche, dann habe ich immer die verschiedenen Bedeutungen von Wahrheit im Blick: Wahrheit als Unverborgenheit, als Aufleuchten dessen, was ist, Wahrheit als Gunst für den andern, Wahrheit als Verlässlichkeit und Wahrheit als Ausdruck einer stimmigen Beziehung sowie Wahrheit als ein angemessenes Sprechen über die Wirklichkeit. Und bei der Wahrhaftigkeit denke ich immer auch schon an die verwandten Tugenden der Verlässlichkeit, der Aufrichtigkeit, der Echtheit, der Authentizität und der Treue.

1. Wahrheit und Wahrhaftigkeit im Umgang mit mir selbst

Immer wieder erlebe ich Menschen, die Angst haben vor der Stille. Eine Frau erzählte mir, wenn alles still sei, gerate sie in Panik. Im Gespräch wurde klar, dass sie vor ihrer eigenen Wahrheit davon lief. Sie hatte Angst, ihr Leben sei nicht stimmig. Sie lebe nicht das, was sie eigentlich wolle. Sie mache sich etwas vor. Ihr Leben sei letztlich unwahrhaftig. Denn sie werde von andern gelebt. Aber sie lebe nicht ihr Wesen. Sie hatte Angst vor all dem, was da in ihr hochkommen könnte an Enttäuschung, an Gefühlen der Unstimmigkeit und Unwahrhaftigkeit. Bei diesem Gespräch ist mir neu aufgegangen, was Jesus meint, wenn er sagt: »Die Wahrheit wird euch frei machen.« (Joh 8,36) Nur wenn wir den Mut haben, der eigenen Wahrheit ins Auge zu sehen, können wir es wagen, uns der Stille auszusetzen. Es gelingt mir aber nur dann, meine Wahrheit anzuschauen, wenn ich sie im Lichte Gottes anschaue. Ich vertraue darauf, dass Gott mich so annimmt, wie ich bin. Daher gibt es in mir keine Wahrheit, die mir Angst machen muss. Denn alles, was in mir auftaucht, ist von Gottes Liebe umfasst. Nur dieses Wissen um das bedingungslose Angenommensein von Gott ermöglicht es mir, mich meiner Wahrheit zu stellen.

Wie kann ich erkennen, dass ich in der Wahrheit bin? Für mich ist es eine Hilfe, mich still hinzusetzen und zu horchen, was da in mir hochsteigt. Wenn ich das Gefühl von Stimmigkeit und innerem Frieden habe, darf ich vertrauen, dass ich meine Wahrheit lebe, dass mein Leben stimmig ist, übereinstimmt mit meinem wahren Wesen. Manchmal aber taucht in solchen Momenten der Stille ein starker Zweifel auf, ob das, was ich lebe, wirklich stimmt. Habe ich mir etwas vorgemacht? Habe ich mir ein Lebensgebäude aufgebaut, um endlich Sicherheit zu haben und mit dieser Sicherheit all das zuzudecken, was da tief in meinem Innern verborgen ist? Manchmal brauchen wir starke Normen oder ein festes Lebenshaus, um die Brüchigkeit unseres Lebens zu verbergen. Doch in Augenblicken der Stille taucht das Brüchige im Fundament meines Lebenshauses wieder auf. Dann ist es Zeit, sich dieser Brüchigkeit zu stellen. Denn sonst würde mein Leben eine Lüge.

Ein wichtiges Kriterium für die Wahrhaftigkeit eines Menschen ist die Fähigkeit und Bereitschaft, sich der

Stille und dem Schweigen auszusetzen. Es gibt Menschen, die ständig von sich erzählen müssen. Manchmal breiten sie schon beim ersten Gespräch anscheinend in großer Offenheit ihre persönlichen Träume vor dem andern aus. Doch sie täuschen damit nur Offenheit und Ehrlichkeit vor. In Wirklichkeit reden sie zwar über persönliche Dinge, aber die eigentliche Wahrheit verdrängen sie. Sie wählen das auf den ersten Blick so Persönliche aus, um es den andern zu präsentieren. Aber damit wollen sie nur ablenken von all dem andern, das auch in ihnen ist, von ihrer eigentlichen Wahrheit. Und es gibt Menschen, die ständig reden müssen, weil sie das Schweigen nicht aushalten. Sie zerreden die Wahrheit, weil ihnen die reine Wahrheit Angst macht. Sie decken die Wahrheit mit Worten zu.

Ein Weg, die innere Wahrheit und Wahrhaftigkeit mir selbst gegenüber zu erkennen, geht über den Leib. Ich horche in meinen Leib hinein. Wie fühle ich mich in meinem Leib? Bin ich daheim in meinem Leib? Welche Gefühle tauchen auf, wenn ich mich in der Stille in meinen Leib hineinspüre? Ich kann diese innere Stimmigkeit in meinem Leib spüren, wenn ich etwa in einer Art Focusing-Übung mit meinem Bewusstsein in meinen Leib hinein wandere und mich dort ausruhe, wo ich mich daheim fühle, wo es mir gut geht. Ich kann aber auch auf die Signale des Leibes hören, die er mir etwa in einer Krankheit sendet. Vielleicht zeigt mir eine Krankheit, dass ich gegen meine innerste Wahrheit lebe. Ich darf nicht jede Krankheit so deuten. Aber ich kann die Krankheit als Frage verstehen, die mich in meine eigene Wahrheit führen möchte. Es geht nicht darum, in sich Schuldgefühle zu erzeugen, dass ich an meiner Krankheit schuld wäre. Es geht überhaupt nicht um Schuld und nicht um Bewertung, sondern um die Herausforderung, in meine Wahrheit zu kommen. Es ist natürlich, dass wir nicht allein durch Nachdenken unsere Wahrheit erkennen. Oft will uns der Leib auf die Wahrheit aufmerksam machen. Wir sind immer in Gefahr, uns etwas vorzumachen. Wir haben uns in unserem Leben eingerichtet und vieles andere übersehen. Das war nicht beabsichtigt. Es geschieht einfach so. So sollen wir dankbar sein, dass uns der Leib die eigene Wahrheit erkennen lässt.

In der geistlichen Tradition diente die tägliche Gewissenserforschung dazu, die eigene Wahrheit vor Gott zu erkennen. Ich höre auf die innere Stimme meines Gewissens, um zu erkennen, ob ich in Übereinstimmung mit meinem innersten Wesen lebe oder nicht. Der lateinische Ausdruck für Gewissen heißt »conscientia«. Es meint ein Mitwissen. Tief in meiner Seele ist eine

Instanz, die das, was ich tue, sage und was ich mit meinem Verhalten vermittle, mit bedenkt. Sie weiß um das, was ich bin, und reflektiert darüber. Das Gewissen zeigt mir, ob ich mit meiner Wahrheit übereinstimme oder ob ich an mir und meiner Wahrheit vorbeilebe. Die Gewissenserforschung geht heute nicht nur über ein Hineinhorchen in die Seele, wie sie die platonische Philosophie beschreibt. Gewissenserforschung berücksichtigt heute die tiefenpsychologischen Erkenntnisse. Sie dringt ein in die Strukturen der Psyche, deckt ihre Verdrängungsmechanismen auf. Die Träume können ein guter Weg sein, die Abgründe meiner Seele zu erkennen. Die Träume sagen mir, was auch meine Wahrheit ist, eine Wahrheit, die ich normalerweise durch bloßes Nachdenken nicht erkennen kann. Und Gewissenserforschung geschieht über das Hineinhorchen in den Leib, in dem sich meine Seele ausdrückt. Die Gewissenserforschung ist ein persönlicher Akt, den ich allerdings immer schon vor dem Antlitz Gottes vollziehe. Ich halte Gott meine Wahrheit hin. Ich verzichte darauf, mich zu beurteilen oder gar zu verurteilen. Ich halte das, was ich in mir erkenne, Gott hin, damit er es mit seinem Licht erleuchtet. Ein guter Weg, die Erkenntnis der Wahrheit in der Gewissenserforschung zu vertiefen, ist, in einer Beichte einem Priester anzuvertrauen, was mir da an innerer Unwahrhaftigkeit aufgegangen ist. Früher hat man Beichte vor allem als Bekenntnis der Sünden verstanden. Sünde sah man dabei vor allem als Übertreten von Geboten. Doch in der Gewissenserforschung geht es eigentlich darum, wo ich mein Leben und meine Wahrheit verfehle. Das ist ja auch das Wesen der Sünde, der »harmartia« im Griechischen, dass ich mich und meine Wahrheit verfehle, dass ich an meiner Wahrheit vorbeilebe.

2. Wahrheit und Wahrhaftigkeit im Umgang miteinander

Persönliche Wahrhaftigkeit ist nicht nur im Umgang mit mir selbst gefragt, sondern auch im Umgang mit andern. Das gilt zuerst einmal für die Partnerschaft. Oft klaffen unsere Gefühle und unsere Worte, die wir dem Partner sagen, auseinander. Wir möchten den andern nicht verletzen und sagen, wie sehr wir ihn lieben und dass alles stimmig ist zwischen uns. Aber tief im Innern sind tiefe Zweifel an unserer Partnerschaft. Oder aber wir trauen uns nicht, unseren Ärger zu bekennen oder unsere Enttäuschung oder unsere innere Ablehnung von manchen Verhaltensweisen beim andern. Doch wenn wir zu viel ausklammern aus unseren Gesprächen, wenn wir zu viele Gefühle unterdrücken müssen, weil wir den andern nicht verletzen möchten, dann steht all das Unterdrückte und Ausgeschlossene zwischen uns. Die Liebe, die wir dem andern zeigen möchten, wird innerlich blockiert. Es fehlt ihr so viel an eigener Wirklichkeit, dass sie immer flacher wird. Es ist oft schmerzlich, dem andern zu sagen, wie man sich gerade fühlt und welche Gedanken einem durch den Kopf gehen. Wir haben Angst, den anderen zu verletzen, wenn wir ihm ehrlich sagen, was wir fühlen. Und wir befürchten, der andere könnte uns ablehnen, wenn wir ihm unsere Gedanken und Gefühle offenbaren. Aber auch hier gilt das Wort Jesu: »Die Wahrheit wird euch freimachen.« Wenn wir wahrhaftig sind, dann entstehen zwar oft schmerzliche Gespräche. Aber letztlich öffnen wir uns gerade im Schmerz auf neue Weise dem anderen. Das vertieft unsere Liebe. Es ist keine immer freudenstrahlende Liebe, sondern eine Liebe, die durch den Schmerz gegangen ist und uns gerade in der Tiefe unseres Herzens füreinander öffnet und miteinander verbindet.

Ein Mann erzählte mir voller Trauer, dass seine Freundin ihn nach drei Jahren von heute auf morgen verlassen hat. Es gab gar keine Anzeichen dafür, dass in der Freundschaft etwas nicht stimmen würde. Der Mann hat die Freundschaft als tief und offen und stimmig erlebt. Umso verletzter war er, dass seine Freundin ihm eines Tages eröffnete, dass sie sich von ihm trennen möchte. Die Freundschaft würde für sie nicht mehr stimmen. Es war kein anderer Mann im Spiel, um dessentwillen sie ihn verlassen wollte. Die Freundschaft, die der Mann als so stimmig erlebte, bezeichnete sie als unstimmig. Für den Mann brach eine Welt zusammen. Offensichtlich hatte die Freundin immer schon Zweifel an der Freundschaft, hat diese aber nicht mit dem Freund besprochen. Vielleicht wollte sie ihn nicht verletzen. Aber nun hat sie ihn viel tiefer verletzt, als wenn sie ihm vorher die Wahrheit gesagt hätte. Denn jetzt hatte er keine Chance mehr, etwas zu ändern, über das, was sie als unstimmig erlebte, zu sprechen und es zu reflektieren. Wer die Wahrheit zu lange herauszögert, verletzt den andern viel tiefer, als wenn wir dem andern die Wahrheit zumuten und zutrauen.

Eine weitere Weise der Unwahrhaftigkeit in der Partnerschaft besteht darin, dass wir uns einem anderen Mann oder einer anderen Frau näher fühlen und uns in sie verlieben. Dass wir uns verlieben, dagegen können wir nichts. Aber wenn wir meinen, wir müssten das Verliebtsein heimlich ausleben, dann verletzen wir uns selbst und den andern. Wir leben dann gleichsam in zwei Welten: in der Welt der heilen Familie und in der Welt der heimlichen Liebe. Das aber zerreißt uns irgendwann. Und es zerstört die Liebe zu unserem Partner.

Eine Frau erzählte mir, sie habe offen ihrem Mann gegenüber erzählt, dass sie ihren Arzt sympathisch finde und tiefe Gefühle für ihn gespürt habe. Sie hat die

Wahrheit gesagt. Doch ihr Mann konnte die Wahrheit nicht ertragen und hat sich von ihr getrennt. Sie hat gar nichts Verbotenes getan. Sie hat nur ehrlich über ihre Gefühle gesprochen. Doch ihr Mann hat die Wahrheit nicht ausgehalten. Das ist häufig der Grund, warum Ehepartner einander die Gefühle einem Dritten gegenüber verheimlichen. Sie haben Angst, ihn zu verletzen oder aber von ihm abgelehnt zu werden. Es ist sicher nicht einfach zu entscheiden, wo hier die Unwahrheit anfängt. Es ist auch eine Sache der Klugheit, ob ich immer die ganze Wahrheit sage. Aber ich muss mit mir und mit dem andern wahrhaftig umgehen. Das heißt für mich: Ich stelle mich meinen Gefühlen des Verliebtseins und versuche sie in mein Leben, d. h. in meine Ehe zu integrieren. Wenn ich verliebt bin, zeigt das immer, dass der andere in mir etwas anspricht, was auch in mir ist, was ich aber bisher zu wenig gelebt habe. Der andere erinnert mich an Seiten in mir, die ich vernachlässigt habe. Wenn ich so mit den Gefühlen des Verliebtseins umgehe, dann wird es meine eigene Ehe befruchten. Dann ist es nicht unbedingt notwendig, meinem Partner von dem Verliebtsein zu erzählen. Denn ich gehe ja verantwortungsvoll und wahrhaftig mit meinen Gefühlen um. Es kann sein, dass ich im andern solche Phantasien der Angst und Eifersucht entfache, die unsere Ehe nur unnötig erschweren würden. Bevor ich dem anderen die Wahrheit sage, muss ich immer auch spüren, ob er die Wahrheit erträgt oder ob er unangemessen darauf reagiert. Wenn er hinter meinen Gefühlen des Verliebtseins schon eine Affäre wittert, dann ist es durchaus legitim, mich mit meinen Gefühlen allein – oder aber mit Hilfe eines Dritten – auseinander zu setzen und sie in meine Ehe zu integrieren. Wenn ich die Erfahrungen des Verliebtseins in die eigene Ehe einbringe und damit befruchte, brauche ich nicht mehr darüber zu reden. Ich bin trotzdem wahrhaftig mit mir selbst und mit der Partnerin umgegangen.

Eine tiefe Verletzung jedoch geschieht, wenn der Mann eine heimliche Geliebte hat und das vor seiner Frau verschweigt. Noch schlimmer ist es, wenn er es offen leugnet, sobald seine Frau ihn anspricht, weil andere ihr davon erzählt haben oder weil sie auf dem Handy eine SMS entdeckt hat. Hinter dem Rücken der Frau eine heimliche Geliebte zu haben, ist eine tiefe Verletzung. Die gelebte Unwahrheit zerstört nicht nur die Liebe der Frau, sie zerreißt auch den Mann. Denn auf Dauer kann niemand eine Dreiecksbeziehung leben. Wer meint, er könne es, der macht sich selbst etwas vor. Natürlich fühlt sich der Mann in der Nähe seiner Geliebten wohl. Aber vor seiner Frau muss er diese Erfahrung verbergen. Er macht letztlich sich und seiner Frau etwas vor. Er lebt nicht wirklich seine Wahrheit. Er lebt in zwei Welten, die ihn immer mehr auseinanderreißen. Oder aber er muss die eine Welt vor der anderen verstecken. Das verbraucht oft so viel Energie, dass er nicht mehr in sich steht. Er verrät sich selbst und seine eigene Wahrheit. Oft genug rebelliert dann seine Seele mit einer ständigen Unruhe oder aber sein Leib mit körperlichen Symptomen.

Hier hilft nur eine ehrliche Auseinandersetzung mit der eigenen Frau. Doch die Verletzung ist oft so tief, dass es einer Paartherapie bedarf, damit sie aufgearbeitet wird. In dieser Therapie wird dann die ganze Wahrheit herauskommen, nicht nur die Wahrheit der heimlichen Liebschaft, sondern auch die Wahrheit der Ehe, die für beide oft nicht so angenehm ist. Da tauchen dann all die unterdrückten Gefühle auf, die leer gewordenen Gespräche, die Verletzungen, die man sich gegenseitig zugefügt, über die man aber nie gesprochen hat, die inneren Widerstände, die Aversionen gegenüber bestimmten Worten oder Verhaltensweisen des Partners, die Verflachung des Miteinanders, in dem man sich nichts mehr zu sagen hat. All das, was man unterdrückt hat, will ans Licht kommen. Und nur was ans Licht kommt, kann verwandelt werden. Letztlich ist dann die heimliche Liebschaft eine Herausforderung, sich der eigenen Wahrheit und der Wahrheit der Ehe zu stellen. Dabei wird auch die Wahrheit der Partnerin ans Licht kommen. Vielleicht hat sie ihre eigenen Gefühle der Unzufriedenheit oder der Aggression unterdrückt, nur um den Mann zu halten. Vielleicht hat sie sich zu sehr an den Mann geklammert und gedacht, durch ihre große Liebe könne sie ihn immer bei sich halten. Die Erkenntnis der eigenen Wahrheit könnte auch eine Chance sein, auf neue Weise zueinanderzufinden und miteinander ehrlicher und wahrhaftiger umzugehen. Dabei braucht es nicht nur die Vergebung, sondern auch die Bereitschaft, sich seiner eigenen Wahrheit zu stellen und der Verletzung, die man sich selbst, seiner eigenen Frau und der Geliebten letztlich antut.

Wahrhaftigkeit meint noch etwas anderes: In unseren Gesprächen mit Freunden und Nachbarn und Arbeitskollegen erzählen wir von uns und von dem, was wir erlebt haben, oft ein wenig in einem Ton, der uns besser herausstellt, als es der Wahrheit entspricht. Wir beschönigen die Wahrheit. Wir heben unseren Anteil hervor. Wir schmücken uns mit fremden Federn. Wir stellen uns in den Mittelpunkt. Und wenn es um Fehler geht, versuchen wir zu beschwichtigen und zu beschönigen. Oder aber wir schieben die Schuld anderen in die Schuhe. Wir erzählen die Geschichte so, dass wir an dem Fehler nicht schuld sind. Wir erklären genau, wie es dazu gekommen ist, und suchen genügend Gründe bei eben anderen, warum der Fehler passiert ist. Wir waschen uns in Unschuld. Es ist nicht immer leicht, in unserem Reden der Wahrheit ihren Tribut zu zollen. In uns ist einfach die Tendenz, uns besser darzustellen, als wir sind, und uns von Schuld reinzuwaschen. Doch auf Dauer spüren wir, dass es uns nicht guttut, die Wahrheit ein Stück weit zu verbiegen. Innere Klarheit und Wahrheit würden uns guttun. Aber wir haben Angst um unser Image. Die Wahrhaftigkeit braucht immer auch ein gewisses Selbstwertgefühl und die Bereitschaft, für sich selbst und für sein Verhalten einzustehen, auch wenn es nicht so perfekt ist, wie wir es gerne darstellen möchten.

Die heutige Gesellschaft drängt uns dazu, unwahrhaftig zu werden. Denn die Gesellschaft erwartet von uns, dass wir immer cool sind, immer selbstbeherrscht, immer erfolgreich, immer alles im Griff haben. Die Erwartungen der Gesellschaft haben wir oft in unserem Herzen verinnerlicht. Und diese Ansprüche an das eigene Selbstbild hindern uns daran, die Wahrheit vor andern zu sagen oder vor ihnen wahrhaftig zu sein. Es ist ein Urbedürfnis in uns, uns den heutigen Erwartungen der Gesellschaft anzupassen. Doch wir merken dabei oft genug gar nicht, wie sehr wir uns da unter Druck setzen. Denn die Erwartungen der Gesellschaft, die Maßstäbe heutiger Mode – darunter ist nicht nur die Kleidung gemeint, sondern der Lebensstil –, ändern sich in einem Tempo, dass wir oft gar nicht mehr mitkommen. Aus Angst, uns vor andern zu blamieren, dass wir nicht voll im Trend liegen, passen wir uns den Erwartungen der Mode an. Martin Hecht berichtet in einem Artikel »Oh, ist das peinlich!«, wie Menschen heute auf die Frage »Was machst du eigentlich?« sich schon vorher Antworten zurechtlegen, die dem heutigen Modetrend entsprechen. Denn Antworten wie »Ich leite eine Autovermietung« oder »Ich bin in der IT-Branche tätig« liegen nicht mehr im Trend. »In der modernen Welt ist nicht mehr das Verfehlen einer Lebensart peinlich, die von alters her kommt (Tradition), sondern das Verpassen einer solchen, die der jüngsten Gegenwart verpflichtet, soll heißen: topaktuell ist. … Doch mit der Herrschaft der neuen Lebensart entsteht ein großes Problem: Wegen ihrer kommerziellen Natur ist sie viel schnelllebiger als die behäbige Tradition. Wer *up to date* sein will, muss hellwach sein. Denn nichts ist peinlicher als die Mode von gestern. Wir sind dazu angehalten, ständig unsere Eigeninszenie-

rungen daraufhin zu überwachen, ob sie einem Zeit-
geschmack entsprechen oder fehlschlagen.« (Hecht 52)
Martin Hecht spricht von »Eigeninszenierung«. Diese
tritt an die Stelle der Wahrhaftigkeit. Der Drang, in seiner Eigeninszenierung den Geschmack der Zeit zu treffen, führt dazu, dass ich mein wahres Selbst vergesse.
Ich bin nicht mehr ich selbst. Ich lebe nicht mehr meine Wahrheit. Ich lebe das, was von mir erwartet wird.
Doch solche Außenorientierung führt immer mehr
dazu, dass der Mensch seine Wurzeln verliert und gar
nicht mehr weiß, wer er eigentlich ist.

Ein anderes Thema sind die Notlügen. Wir trauen uns
nicht, dem anderen zu sagen, dass wir seinen Besuch
nicht möchten oder dass wir zu dieser gemeinsamen
Veranstaltung nicht gehen möchten. Also finden oder
erfinden wir eine Notlüge. Wir haben schon eine andere Verabredung. Unser Terminkalender ist schon be-
setzt. Oder aber wir haben Kopfweh. Wir können nicht
kommen. Oder wir möchten nicht zugeben, dass wir
etwas vergessen oder verlegt oder verloren haben. Also
suchen wir nach einer Ausrede. Wir geben nicht gerne
einen Fehler zu. Aber zugleich merken wir, wie all diese
Ausreden und Notlügen uns oft in Bedrängnis bringen.
Sie klingen nicht so plausibel. Wir verheddern uns in
unseren Ausreden. Gleich die Wahrheit zu sagen, wäre

zwar zunächst schmerzlicher. Wir geben unsere Fehler, unser Versäumnis zu. Aber auf Dauer wird es uns innerlich freier machen. Wenn wir uns zugestehen, dass wir manches vergessen oder verlegen, wenn wir unsere Fehler eingestehen, dann bringt das Klarheit in unser Reden und in unsere Beziehungen. Wir selber tun uns ja auch gut mit Menschen, die die Wahrheit sagen. Wir erkennen am andern sehr schnell, dass er nicht gerne Fehler eingesteht. Aber von uns denken wir, dass wir das gut verbergen könnten. In Wirklichkeit merken es die andern auch. Zudem würden wir in ihrer Achtung steigen, wenn wir immer gleich die Wahrheit sagen.

Amerikanische Psychologen haben Kinder und Jugendliche befragt, ob sie ihren Eltern gegenüber die Wahrheit sagen oder lügen. 98 % der Jugendlichen gaben zu, ihre Eltern öfter zu belügen. Die Psychologen haben sich gefragt, warum Kinder so oft lügen. Sie haben festgestellt, dass die Eltern es ihnen vormachen. Die Kinder merken sofort, wenn die Mutter sich am Telefon verleugnen lässt oder wenn sie das Geschenk, das ihr der Gast mitgebracht hat, lobt, in Wirklichkeit aber nicht ausstehen kann. Die Hälfte der Grundschüler beherrscht dann solche Anstandslügen, weil sie es von ihren Eltern gelernt haben. Die Psychologen raten den Eltern, die möchten, dass ihre Kinder weniger lügen, sie sollten ihren Kindern gegenüber selbst wahrhaftig sein. Und einen anderen Rat geben sie: »Sie sollten sie nicht in Situationen bringen, in denen sich die Kinder in der Falle und regelrecht zum Lügen herausgefordert fühlen. Zum Beispiel sollten Eltern angesichts eines frisch mit rotem Filzstift verzierten weißen Küchentisches nicht fragen: ›Hast du auf dem Tisch herumgemalt?‹ Dieses Austesten der Ehrlichkeit sei unnötig und ermuntere die Kinder nur dazu, das Lügen auszuprobieren.« (Römer, 9)

3. Wahrheit und Wahrhaftigkeit in der Politik

Vor den Wahlen versprechen uns die Parteien das Blaue vom Himmel. Nach der Wahl klingen dann ihre Ankündigungen ganz anders. Manche Parteien begehen Wortbruch. Die SPD in Hessen hat bei der Bevölkerung an Vertrauen eingebüßt, weil sie das Versprechen, das sie vor der Wahl gegeben hat, nicht mit den Linken zusammen zu gehen, gebrochen hat. Alte verdiente Parteigenossen haben vor diesem Wortbruch gewarnt. Doch der Vorsitzenden war die Aussicht auf einen Machtwechsel wichtiger als das Versprechen, das sie vor der Wahl gegeben hat. Dass ein solcher Wortbruch schließlich in einem Desaster geendet hat, zeigt die Brüchigkeit solcher Verdrehungen. Auch wenn die Kultur der Wahrhaftigkeit in unserem Volk gelitten hat, vergessen doch die Bürger Wortbrüche nicht. Sie sehnen sich danach, dass die Politiker ihnen die Wahrheit sagen. Und sie strafen die ab, die die Wahrheit verdrehen.

In der Bevölkerung traut man den Parteien immer weniger zu, weil man zu oft erlebt hat, dass sie die Wahlversprechen nicht halten, dass vieles taktisches Manöver ist, und eben nicht der Wahrheit entspricht. Aber es geht nicht nur um die Wahlversprechen. Oft hat man den Eindruck, dass nicht die Wahrheit im Vordergrund steht, sondern nur die eigenen Vorteile. Man redet die Wirklichkeit entweder schön oder man malt Schreckensszenarien an die Wand, nicht weil die Wirklichkeit so ist, sondern weil man Stimmen gewinnen will. Man beschreibt die Wirklichkeit so, wie sie ins Parteienprogramm passt. Dabei möchte ich selber nicht der Schwarz-Weiß-Malerei verfallen. Es gibt in allen Parteien auch Verantwortliche, die sich um Redlichkeit und Wahrhaftigkeit mühen. Es ist sicher nicht einfach, die Wahrheit den Bürgern zuzumuten und selbst in seinen Aussagen bei der Wahrheit zu bleiben. Denn oft wollen die Leute die Wahrheit auch nicht hören. Sie geben lieber denen ihre Stimme, die ihnen eine heile Welt versprechen. Oder sie lassen sich von Politikern Angst vor den Wegen der andern einjagen und wählen die, die ihnen diese Angst nehmen.

Fehler einzugestehen fällt Politikern auch nicht leicht. Das liegt aber nicht nur an den Politikern, sondern eben auch an der Gesellschaft, die gnadenlos jeden

Fehler bestraft. Unbewusst erwarten die Menschen von den Politikern, dass diese absolut fehlerfrei sind. Doch das ist eine Illusion. Wenn wir mit unseren Erwartungen eine fehlerlose Gesellschaft wollen, dann dürfen wir uns nicht wundern, dass immer mehr gelogen wird. Sobald jemand einen Fehler oder eine Schwäche zugibt, wird er oft zum Sündenbock. Man prügelt auf ihn ein, ohne genau hinzuschauen, wie die ganze Situation war. Man braucht immer einen Schuldigen, auf den man alles schieben kann. Auch diese Jagd auf den Sündenbock entspringt letztlich illusionären Vorstellungen vom Leben. Wir selbst können unmöglich schuldig sein. Also müssen wir einen Schuldigen suchen, um uns selbst reinzuwaschen. Die Suche nach einem Sündenbock ist daher Ausdruck von Unwahrhaftigkeit. Wir wollen uns der eigenen Wahrheit nicht stellen. Daher brauchen wir einen, dem wir alle Schuld aufladen. Aber sobald der Sündenbock geschlachtet ist, geht die Suche nach einem anderen weiter. Eine Gesellschaft, die sich der Wahrheit nicht stellt, braucht immer Sündenböcke. Und da keiner zum Sündenbock abgestempelt werden möchte, entsteht in der Gesellschaft und bei den Verantwortlichen die Mentalität, sich möglichst fehlerfrei zu geben. Lieber tut man dann gar nichts, um nicht aufzufallen, als sich mit Worten oder Taten aus dem

Fenster zu lehnen und etwas zu sagen, was nicht sofort den Beifall aller findet.

Manchmal wird die Lüge auch bewusst eingesetzt, um einen missliebigen Konkurrenten in der eigenen Partei zu diskreditieren. Da werden Gerüchte in die Welt gestreut. Allein die Tatsache, dass da etwas in die Zeitung gesetzt wird, erzeugt bei den Lesern das Gefühl, irgendetwas wird ja daran wahr sein. Gegen eine solche Zersetzung der Wahrheit kann man sich kaum wehren. Wenn man dagegen ankämpft, wirbelt man noch mehr Staub auf. Wenn man schweigt, dann heißt es, man gebe zu, was geschrieben wird. Wenn man in seinem juristischen Kampf gegen die Verleumdung siegt, dann ist das meistens keine Pressemitteilung wert oder aber es wird in ein oder zwei Zeilen berichtet, die man leicht übersehen kann.

Wir sehnen uns nach Politikern, die sich nicht populistisch nur nach der Meinung der anderen richten, sondern die es wagen, die Wahrheit zu sagen und wahrhaftig zu bleiben, auch wenn sie Nachteile erleiden. Es gibt solche Politiker. Und es ist auch unsere Verantwortung, ihnen den Rücken zu stärken. Ein Volk hat immer auch die Politiker, die es verdient. Daher lohnt es sich nicht, auf die Politiker zu schimpfen. Es ist immer auch ein Klopfen an die eigene Brust. Denn wir schaffen ja durch unsere Meinung und durch unsere Unwahrhaftigkeit die Politiker, auf die wir dann schimpfen.

4. Wahrheit und Wahrhaftigkeit in der Wirtschaft

Nicht nur in der Politik wird viel gelogen, sondern auch in der Wirtschaft. Da werden Angebote erstellt, von denen man genau weiß, dass sie nicht einzuhalten sind. Die Rechtsabteilung hat so viele Tricks, um dann nachträglich das für die Firma nötige Geld noch einzutreiben. Da werden die Produkte in so hellem Licht dargestellt, dass man ihnen nicht trauen kann. Über Konkurrenten werden Dinge in Umlauf gebracht, die ihnen schaden und dem eigenen Unternehmen nützen. Leider gibt es da auch heute bei uns viel kriminelle Energie, mit der man unliebsame Konkurrenten mit unlauteren Methoden »zur Strecke bringt«. Schon allein die aggressive Sprache, mit der man über »Mitbewerber« spricht, zeigt die Tendenz, es hier mit der Wahrheit nicht ernst zu nehmen, sondern vor allem seine eigene Geschäftspolitik durchzudrücken.

Auch innerhalb der Firma wird häufig genug gelogen. Das geht oft an der Spitze an. Den Mitarbeitern wird nicht die Wahrheit gesagt. So wissen sie nicht, wie sie dran sind. Auch wie innerhalb der Firma über andere Mitarbeiter gesprochen wird, entspricht oft nicht der Wahrheit. Da werden Intrigen gefahren, da wird über Mitarbeiter schlecht geredet, um sie bei der nächsten Beförderung auszustechen. Mobbing ist in vielen Betrieben weit verbreitet. Und dabei wird oft mit der Unwahrheit gearbeitet. Unwahre Dinge werden über Mitarbeiter in die Welt gesetzt. Diese können sich dann oft genug kaum dagegen wehren. Denn jeder versteckt sich hinter dem Rücken des andern. Wenn aber ein Mitarbeiter dem andern nicht mehr trauen kann, weil er Angst haben muss, der andere redet negativ über ihn, dann entsteht eine Atmosphäre des Misstrauens, die die Mitarbeiter lähmt. In so einer Atmosphäre des Misstrauens geht viel Energie verloren. Man reibt sich gegenseitig durch die Unwahrheit auf und hat immer weniger Energie, sich auf die Arbeit und die Sachprobleme einzulassen.

Firmen schreiben sich den Naturschutz und die Nachhaltigkeit auf ihre Fahnen. Doch innerhalb der Firma ist da oft nicht viel zu sehen. Die Werte werden nur nach außen propagiert, aber nicht nach innen. Um die eigenen Produkte verkaufen zu können, werden Unwahrheiten über andere Entwicklungen in die Welt gestreut. Die Lobbyarbeit großer Firmen ist oft genug von reinen Machtinteressen geleitet. Da geht es nicht um Wahrheit, sondern um die Durchsetzung eigener Macht. So hat die Ölindustrie jahrelang die Forschung in benzinsparende Autos oder in regenerative Energien blockiert. Die Autoindustrie hat ein sinnvolles Verkehrskonzept, das den Güterverkehr großen Teils auf die Bahn verlagert, verhindert. Jeder Industriezweig versucht dann mit rationalen Argumenten und so genannten »unabhängigen« Gutachten seine Interessen durchzusetzen. Da geht es nicht mehr um die Wahrheit, sondern nur noch um Macht und Eigeninteressen. Die Unwahrhaftigkeit, die in vielen Firmen herrscht, hat dazu geführt, dass die Menschen das Vertrauen in die Wirtschaft verloren haben.

Auf Dauer werden aber nur Unternehmen bestehen können, die sich der Wahrheit stellen, die das, was sie nach außen vertreten, auch innerhalb der Firmen zu leben versuchen. Das gilt für die Ehrlichkeit im Umgang mit Kunden und Lieferanten. Das gilt für die Durchsichtigkeit und Klarheit im Umgang mit den eigenen Mitarbeitern. Nur eine Firma, auf die man sich verlassen kann, wird sich durchsetzen können. Das haben inzwischen auch betriebswirtschaftliche Untersuchungen ergeben. Den Gewinn macht eine Firma über die Stammkunden. Denn denen ist nicht nur der Preis wichtig, sondern Werte wie Ehrlichkeit, Verlässlichkeit, Freundlichkeit, Wahrhaftigkeit. Firmen, die nicht ehrlich sind, verlieren ihre Glaubwürdigkeit. Die Kunden und Lieferanten arbeiten auf Dauer nur mit Firmen zusammen, auf die sie sich verlassen können, die zuverlässig sind in ihrer Arbeit, aber auch in ihren Zusagen, deren Sprache Wahrhaftigkeit ausstrahlt.

Ein junger EDV-Unternehmer erzählte mir, er würde absolute Ehrlichkeit im Umgang mit seinen Geschäftspartnern als seine Unternehmensphilosophie propagieren und auch versuchen, sie zu leben. Das habe bei ihm letztlich zum Erfolg geführt. So arbeitet er mit großen Firmen zusammen. Diese Firmen hätten ihre Geschäftspartner genau untersucht, ob sie sich auf sie verlassen können. Im ersten Jahr hätten sich alle Geschäftspartner um Ehrlichkeit bemüht. Doch dann hätten es viele doch mit kleinen Tricks versucht, zu ihrem Vorteil die Wahrheit etwas zurechtzubiegen. Doch sobald eine große Firma das erkannt hat, hat sie die Geschäftsbeziehung abgebrochen. Der Schaden für die kleinen Firmen, die sich durch Unehrlichkeit Vorteile verschaffen wollten, ist immens. Sie haben nicht nur einen konkreten Geschäftspartner verloren, sondern auch ihr Image. Und so ein negatives Image breitet sich aus. Nicht umsonst gibt es das Sprichwort »Lügen haben kurze Beine«. Man kommt mit Lügen nicht weit. Die Ehrlichkeit in der Wirtschaft führt kurzfristig dazu, dass man manche Aufträge nicht bekommt. Doch langfristig zahlt sie sich aus. Aber die Ehrlichkeit darf nicht verzweckt werden. Wenn ich nur ehrlich bin, damit ich mehr verdiene, bin ich nicht wirklich ehrlich, dann verliere ich meine Ehre. Die absichtslose Ehrlichkeit hat langfristig aber dennoch Erfolg. Weil man sich auf diese Firma verlassen kann, wird man auf Dauer gerne mit ihr zusammen arbeiten.

5. Wahrheit und Wahrhaftigkeit am Krankenbett

Theoretisch sind sich alle einig, dass der Arzt die Wahrheit sagen soll. Das gilt auch für die Wahrheit am Krankenbett. Doch in der Praxis gibt es erhebliche Probleme. Ich möchte mit zwei Erfahrungen beginnen, die mir Frauen erzählt haben.

Eine Frau war zum zweiten Mal schwanger. Das erste Kind war gesund geboren worden. Bei der Untersuchung sagte ihr der Arzt, mit hoher Wahrscheinlichkeit werde sie ein behindertes Kind bekommen. Sie sollten sich daher überlegen, ob sie das Kind abtreiben lassen. Für beide Eltern, die sehr christlich waren, kam das nicht in Frage. Aber die Monate bis zur Geburt waren von vielen Zweifeln und Ängsten geprägt. Die Geburt verlief ohne Komplikation. Das Kind war gesund. Bei einem späteren Arzttermin fragten die Eltern, warum der Arzt ihnen diese Ängste zugemutet habe. Er meinte, es hätte doch sein können.

Hier ist die Frage, was Wahrheit ist. Eine Wahrscheinlichkeit ist noch keine Wahrheit. Der Arzt kann die Klientin auf Gefahren aufmerksam machen. Aber er hat nie die Gewissheit, dass seine Diagnose die volle Wahrheit bezeichnet. Und das Beispiel zeigt, dass die Information zwar gut gemeint war, aber offensichtlich ohne besondere Berücksichtigung der Situation dieses Ehepaares erfolgt ist. Es geht nicht einfach nur um die Mitteilung des richtigen Sachverhaltes, sondern offensichtlich um eine gelingende oder aber misslingende Kommunikation. Hier ist die Kommunikation misslungen, weil der Arzt mehr auf sich und seine rechtliche Absicherung geachtet hat als auf die Gefühlslage der Eltern. Ihm war wichtig, dass man gegen ihn keine rechtlichen Schritte unternehmen kann. Er hat ja auf die Gefahr aufmerksam gemacht. Aber er hat es in einer Weise getan, die die Eltern tief verunsichert und verletzt hat. Er war so mit sich beschäftigt, dass er die Eltern mit ihren Gefühlen gar nicht wahrnehmen konnte. Wenn ich nur um mich kreise, kann keine Wahrheit vermittelt werden. Denn Wahrheit ohne gute Beziehung gibt es nicht.

Eine andere Frau erzählte mir, nach einer Krebsoperation habe ihr der Arzt gesagt, sie hätte höchstens noch drei Monate zu leben. Sie hat die Operation drei

Jahre überlebt. Der Arzt konfrontierte sie knallhart mit der Wahrheit. Er zeigte jedoch keinerlei Mitgefühl. Offensichtlich ist auch hier die Kommunikation nicht geglückt. Die Mitteilung war ohne Rücksicht auf die Befindlichkeit der Patientin erfolgt. Es geht also nicht nur um die Frage, ob das, was ich sage, stimmt oder nicht, sondern einmal mehr um das Thema der Fürsorge des Arztes für den Patienten. Viele sehen das Problem der Mitteilung des Sachverhaltes am Krankenbett in einem Konflikt zwischen Wahrheit und Mitmenschlichkeit. Doch das muss nicht immer ein Konflikt sein. Es kommt vielmehr darauf an, dass vorher schon die Kommunikation zwischen Arzt und Patient gut war.

Gelingende Kommunikation

Über das Thema Wahrheit und Wahrhaftigkeit am Krankenbett können wir nur sprechen, wenn wir uns ein paar Gedanken machen über das Gelingen der Kommunikation zwischen Arzt und Patienten. Die Wahrheit am Krankenbett hat nie nur etwas mit einer nüchternen Sachinformation zu tun. Es geht bei ihr immer um ein Beziehungsgeflecht und um die Verarbeitung der Krankheitserfahrung, um die Gestaltung des zwischenmenschlichen Miteinanders und um die Frage der Zukunftsaussichten.

Kommunikation ist mehr als die Beziehung zwischen Sender und Empfänger. Heutige Kommunikationswissenschaft sieht das Gelingen echter Mitteilung komplexer. Jede sprachliche Äußerung hat nach Schulz von Thun vier Bedeutungen: »eine Information, eine Selbstoffenbarung, da der Sprecher etwas von sich mitteilt und damit beim anderen etwas erreichen will, was für diesen einen Appell darstellt. Darüber hinaus enthält die Äußerung eine metakommunikative Botschaft, welche die Beziehung zwischen den Kommunikationspartnern thematisiert.« (Horntrich 52) Es genügt also nicht, nur moralisierend von den Ärzten Wahrhaftigkeit zu verlangen. Sie müssen sich zuerst einmal vertraut machen mit der Kunst der Kommunikation. Dabei geht es nicht unbedingt um ein Studium der Kommunikation, sondern oft genug um den gesunden Menschenverstand. Aber einige Dinge sind wichtig, damit eine Kommunikation gelingt.

Das Erste ist: Vertrauen aufzubauen zum Patienten. Nur in einer Atmosphäre des Vertrauens kann die Mitteilung der Wahrheit so geschehen, dass sie für den Patienten stimmt. Das Zweite ist: gut zuhören. Bevor ich dem anderen etwas sage, muss ich gut hinhören, wie es dem andern wirklich geht, was er verkraften, wie er mit der Wahrheit umgehen kann, ob er sich innerlich verschließt oder bereit ist, sich ihr zu öffnen. Das Dritte: Ich soll nicht werten, dass der andere sich verschließt oder überempfindlich reagiert. Ich muss vielmehr damit rechnen, dass die bedrohliche und unsichere Situation der Krankheit die Kommunikation beeinflusst. Sie führt dazu, dass ich alle Aussagen des Arztes als Appell an mich verstehe. Als Arzt brauche ich ein Verständnis für die hochsensible Verfassung des Patienten. Es geht nicht um ein Erlernen guter Rhetorik, sondern um ein Gespür für den Patienten. Die Qualität der Beziehung bestimmt die Qualität der Kommunikation. Wenn der Patient nur sachlich informiert wird, fühlt er sich verunsichert. Er muss mit seinen Ängsten und Hoffnungen ernst genommen werden.

Die wichtigste Haltung, die der Arzt üben muss, ist das Zuhören. Da der Arzt immer einen Wissensvorsprung hat, ist er in Gefahr, seine Sicht der Dinge darzulegen, ohne auf den Patienten zu hören. Der Theologe Georg Horntrich sagt vom Zuhören: »Wer zuhört, erfährt, was der andere hören will, verkraften und verstehen kann. Wer zuhört, wird auch den richtigen Ton finden, zumindest wächst die Sicherheit zu wissen, was angemessen ist. Wer dagegen vorrangig seine Botschaft und seine Sicht rüberbringen will, spart gewiss keine Zeit.« (Ebd 56f) Denn entweder erzeugt er auf diese Weise mehr Bedarf an Kommunikation: Der andere wird antworten, und ein Wort wird das andere geben. Man wird endlos reden. Oder aber die Kommunikation wird abbrechen, der andere wird schweigen. Dann ist die Kommunikation gründlich misslungen.

Wahrheit und Mitmenschlichkeit

Wenn ein Arzt die Wahrheit ohne jede Gefühlsteilnahme sagt, weist das immer auf die eigene Unsicherheit hin. Er will sich nicht wirklich auf den Patienten einlassen. Mit der klaren, aber gefühllosen Mitteilung schafft er eine Distanz zum Patienten, die der Heilung absolut nicht gut tut. Er macht sich lieber eine Theorie über den Patienten, als dass er sich auf den Patienten einlässt. In der Theorie spreche ich über den Patienten, aber nicht zu ihm. Ich gehe keine Beziehung zu ihm ein. Ich bleibe bei meiner Theorie über ihn. Doch ohne Beziehung kann die Wahrheit beim Patienten nicht ankommen.

Es genügt nicht, dem Patienten einfach die Wahrheit zu sagen. Ich muss auch bereit sein, ihn zu begleiten. Der

Patient ist durch die Mitteilung der Wahrheit zutiefst erschüttert. In dieser Erschütterung darf ich ihn nicht allein lassen. Auf dem schwierigen Weg mit unsicherem Ausgang braucht er Begleitung. Der Arzt hat für den Patienten nicht nur die Pflicht, die Wahrheit zu sagen, sondern auch die Pflicht der Fürsorge. Daher darf er auf keinen Fall die Aufklärung über die Krankheit auf andere Personen delegieren. Sie gehört wesentlich zu seiner ärztlichen Aufgabe. Zur Aufklärung gehört die Begleitung. Und die braucht persönliches Engagement und Mitfühlen – und sie braucht Zeit. Eine schreckliche Nachricht muss verarbeitet werden. Die Zeit, die der Arzt in die Begleitung des Patienten investiert, ist gut investiert. Sie hat eine therapeutische Qualität und stärkt die psychische Stabilität des Patienten und seine Selbstheilungskräfte.

Oft wird argumentiert, dass der Patient die volle Wahrheit nicht ertragen würde. Wenn man sie ihm sagte, würde er sich selbst aufgeben und alle Lebenskraft würde von ihm weichen. Das wäre dann sein sicherer Tod. Vor einiger Zeit habe ich die Erzählung von Maarten t'Hart »Gott fährt Fahrrad« gelesen. Der Vater des Autors hat ein unheilbares Pankreaskarzinom. Der Arzt teilt es seinem Sohn mit. Beide denken, der Vater würde es nicht verkraften, er würde nur so dahinsiechen, wenn er es erführe. Der Sohn trägt es mit sich herum. »Weil ich es ihm nicht sagen konnte und weil es niemanden gab, mit dem ich über seinen Tod oder über den Tod anderer Väter reden konnte, war es, als würde ich selbst schon bald sterben – solange ich es für mich behalten musste, war es nicht sein, sondern mein Tod.« Als der Sohn mit dem Vater telefoniert, sagt der Vater selbst, er glaube nicht, dass mit seinem Bauch alles in Ordnung ist. Jeder lässt den anderen mit seinen Gedanken allein. Das erschwert die Kommunikation. Die Frage ist, ob der Vater nicht ganz anders mit seiner Krankheit umgegangen wäre, und vor allem, ob es nicht einen anderen Abschied zwischen Vater und Sohn gegeben hätte, hätten sie offen über die Krankheit gesprochen. Sie haben die Chance, sich das zu sagen, was sie sich eigentlich im Grunde ihres Herzens einmal gerne gesagt hätten, verpasst.

Ein Arzt erzählte mir, die Angehörigen würden ihn oft bitten, dem Patienten die Wahrheit nicht zu sagen. Bei ihren Krankenbesuchen reden die Angehörigen mit dem Schwerkranken nur Oberflächliches. Sie sagen ihm, wenn er nächste Woche heimkomme, würden sie mit ihm einen Ausflug machen. Doch er weiß genau, dass er nie mehr einen Ausflug machen werde. Der Kranke weiß von innen her, wie es um ihn steht, auch wenn der Arzt ihm nichts gesagt hat. Aber er traut sich nicht, es seinen Angehörigen zu sagen, die sich so in Hoffnung wiegen. Doch auf solche Weise wird der Abschied verhindert. Der Kranke würde gern noch so vieles sagen, was er auf dem Herzen hat. Er würde gern in aller Offenheit Abschied von seinen Angehörigen nehmen. Doch mit ihren Beschwichtigungen machen sie ihm diesen ehrlichen Abschied unmöglich. Nach dem Tod kommen dann bei den Angehörigen Schuldgefühle hoch. Sie spüren, dass sie nicht wirklich Abschied vom Sterbenden genommen haben. Sie haben sein Sterben verdrängt. Und so war es kein Sterben in Würde, kein Sterben, von dem wir sagen würden, der Sterbende habe das Zeitliche gesegnet. Hier geschah kein Segen, sondern etwas, das beim Sterbenden Wehmut und bei den Angehörigen einen Trauerkloß hinterlässt, der nach dem Tod noch lange in ihnen fest steckt und oft genug zur depressiven Erstarrung führt. Die Wahrheit allein macht ein Sterben in Würde und ein bewusstes Abschiednehmen möglich.

Es kommt immer darauf an, wie der Arzt dem Patienten die Wahrheit sagt. Zum einen hängt es von der Art der Kommunikation ab. Zum andern ist es für mich wichtig, dass der Arzt mit der Wahrheit immer auch die Hoffnung verbindet. Die Hoffnung ist die Voraussetzung, dass die Kommunikation am Krankenbett gelingen kann. Es ist keine vage Hoffnung oder gar Vertröstung. Der Chefarzt einer großen Klinik in Jena, Dr. Beleites, meint: »Es ist falsch, Hoffnung als irrationales Relikt, als naiv oder realitätsfern abzutun, denn ohne Hoffnung können Menschen nicht leben oder gar schwere Phasen des Lebens durchstehen. Hoffnung ist ein Stück Lebenswille und bezieht sich auf eine, wenn auch ungewisse, so doch lebenswerte Zukunft.« (Beleites 16)

Die Frage ist, was mir das Recht gibt, die Hoffnung des Patienten zu stärken. Für mich ist es nicht nur die Hoffnung auf die Heilerfolge der Medizin oder die Hoffnung auf die Selbstheilungskräfte im Patienten. Letztlich hat für mich die Hoffnung immer auch eine religiöse Dimension. Bei allem medizinischen Wissen können wir nie mit Sicherheit sagen, wie die Krankheit weitergeht. Wir müssen immer auch mit einem Wunder rechnen. Es gibt Wunder aufgrund von Gebeten Angehöriger oder aufgrund eines abgrundtiefen Vertrauens des Patienten in Gottes Liebe. Der Arzt soll dem Kranken keinen theologischen Vortrag oder eine fromme Predigt halten. Aber ich finde es durchaus angemessen, wenn er ihn fragt, ob er der Macht des Betens vertraue. Dann würde ich ihn stärken, er solle voll

Vertrauen beten. Beten stärkt die Selbstheilungskräfte. Es ist kein Trick, die Krankheit zu heilen. Aber es stellt die Krankheit in einen größeren Horizont. Beten stärkt die Hoffnung auf Heilung. Beten relativiert aber auch die Krankheit. Sie befreit mich von der Fixierung auf die Krankheit. Ich weiß mich auch in meiner Krankheit in Gott geborgen. Und so kann ich im Gebet auch den Sinn meiner Krankheit erahnen.

Natürlich kommt es immer darauf an, wie ich das Thema des Gebetes anschneide. Wenn ich dem Kranken sage, jetzt bleibt nichts mehr übrig, als zu beten, dann würde ich ihm eher Angst einjagen. Es wäre eine Mitteilung über die Ohnmacht des Arztes und der medizinischen Mittel und keine Vermittlung von Hoffnung. Vielmehr würde ich den Kranken fragen, ob ihm das Gebet etwas bedeutet. Dann kann ich ihn bestärken, der Kraft des Gebetes zu trauen. Ärztliches Bemühen und Beten sind keine Gegensätze, sondern sollen ineinander greifen. Das Gebet schafft ein neues Vertrauen in das Tun des Arztes und fördert somit den Heilungsprozess.

Dem Patienten die Wahrheit zu sagen, dass muss kein Gegensatz zur Mitmenschlichkeit sein. Im Gegenteil, es kann eine neue Beziehung zum Kranken schaffen. Aber das wird sie nur, wenn der Arzt sich mit seiner eigenen Endlichkeit und seinem Sterben auseinandersetzt und sich ihm stellt. Dann kann die Wahrheit zu einer neuen Offenheit und neuen Qualität des Miteinanders führen. Das gilt nicht nur für das Verhältnis von Arzt und Patient, sondern auch für die Beziehung Patient und Angehörige.

Oft erzählen mir Kranke, wie kränkend es für sie ist, wenn die Angehörigen sie im Krankenhaus besuchen und so tun, als ob alles in Ordnung sei. Sie reden nur oberflächlich über das Wetter. Keiner traut sich, die Wahrheit anzusprechen. Nur die Kranken wissen im Innern genau, wie es um sie steht. Doch sie trauen sich nicht, darüber zu sprechen. Sie wollen den Frieden nicht stören. Sie haben Angst, die Besucher zu überfordern. Doch dann lassen die Angehörigen eine wichtige Chance vorbeigehen, mit dem Sterbenden eine persönliche Beziehung aufzunehmen und über wesentliche Dinge zu sprechen. Wenn die Angehörigen den Mut haben, die Wahrheit offen anzusprechen, dann wird das Krankenbett oft zu einem Ort der Versöhnung mit der Vergangenheit. Es entsteht eine persönliche, liebevolle Beziehung zum sterbenden Vater, zur sterbenden Mutter. Da ereignen sich Wunder der Verwandlung.

Wenn ich den anderen Menschen spüre und mich in ihn hineinfühle, dann werde ich auch den richtigen Ton treffen, mit ihm über seine Situation zu sprechen. Ich muss dem andern die Wahrheit nicht um die Ohren schlagen. Wenn ich gut auf ihn höre, werde ich auch auf seine Schwäche und Schutzlosigkeit Rücksicht nehmen. Ich werde es auch spüren, ob er die Wahrheit erfahren will oder nicht. Jeder hat das Recht auf seine Wahrheit. Aber jeder hat auch das Recht, die Wahrheit zu verdrängen. Der Arzt braucht ein gutes Gespür für das wahre Bedürfnis des Patienten. Dabei darf er nicht seine eigenen Befürchtungen hineinprojizieren. Er darf also nicht seine Schwierigkeit, dem anderen die Wahrheit zuzumuten, rationalisieren, indem er meint, der andere würde die Wahrheit nicht vertragen. Es braucht ein gutes Hinhören und eine große Ehrlichkeit sich selbst gegenüber, um im Gespräch mit dem Patienten die Wahrheit so zur Sprache zu bringen, dass es für den Patienten stimmt und es ihm ermöglicht, sich mit der Wahrheit auseinander zu setzen. Der Philosoph und Arzt Karl Jaspers ist überzeugt, dass der Arzt nicht nur die Verantwortung für die Richtigkeit seiner Aussagen hat, sondern auch für deren Wirkung auf den Kranken.

Entscheidend für die angemessene Mitteilung der Wahrheit ist das Vertrauen, das der Patient in den Arzt hat.

Die Frage ist, was der Arzt dazu tun kann, damit dieses Vertrauen wächst. Da ist zum einen seine Aufrichtigkeit, seine fachliche Kompetenz, aber sicher auch sein Gegründetsein in einem größeren Vertrauen. Letztlich spielt hier der Glaube an Gott eine Rolle. Wer sich in seiner Krankheit, mit seiner Angst, mit seiner Verzweiflung von Gott getragen weiß, der vermittelt ein Vertrauen, das die tiefste Sehnsucht des Patienten anspricht. Er muss das Vertrauen nicht nur mit psychologischen Mitteln schaffen. Er wird es ausstrahlen. Der Patient wird spüren, dass da eine andere Dimension in das ärztliche Handeln hinein greift. Vertrauen kann man nicht machen. Wenn der Arzt nicht nur seinem medizinischen Können traut, sondern sich in seinem Handeln von Gott getragen und gesegnet weiß, wird er sich nicht überfordern, indem er dem Patienten vorgaukeln muss, er habe alles im Griff. Er kann auch gelassener umgehen mit den übertriebenen Erwartungen der Patienten, die ihm gleichsam die Rolle Gottes zuschieben. Er weiß, dass das Gelingen ärztlicher Kunst nicht nur von seinem Können abhängt, sondern letztlich vom Segen Gottes. Das gibt ihm selbst Gelassenheit und Vertrauen. Und dann wird es auch ausstrahlen auf die Patienten.

Wahrheit und Wahrhaftigkeit am Krankenbett ist also mehr als die Frage, ob alles, was ich dem Patienten sage, mit der Wirklichkeit übereinstimmt oder nicht. Es geht um die Frage nach Wahrheit überhaupt, um die Frage gelingender Kommunikation und letztlich um ein Vertrauen, das eine tiefere Dimension hat als das Urvertrauen, das ich von den Eltern mitbekommen habe. Letztlich geht es hier um eine religiöse Dimension. Jeder wird diese religiöse Dimension anders interpretieren und benennen. Aber die Offenheit für diese Dimension hat die Ärzte der Antike ausgezeichnet. Und sie stünde auch dem modernen Arzt gut an. Sie würde ihn entlasten von übertriebenen Erwartungen an sich selbst, von dem Druck, unter den er sich oft setzt. Und sie würde beitragen zur Humanisierung der Beziehung zwischen Arzt und Patient.

6. Wahrheit zwischen Wissenschaft und Glauben

Für Thomas von Aquin ist Gott die eigentliche Wahrheit. Aber das, was wir über ihn sagen können, sind nur Deutungen dieser Wahrheit. Es sind nur Bilder, die wir uns von Gott machen können. Aber unsere Aussagen über Gott sind nie die volle Wahrheit. Sie sind immer nur Versuche der Annäherung an das unbegreifliche Geheimnis Gottes. Daher müssen sich die Gläubigen gerade auch im Umgang miteinander und mit anderen Religionen bescheiden und nicht kämpferisch für die Wahrheit eintreten, als seien sie im Besitz dieser Wahrheit. Der Theologe hat nie die Wahrheit. Er kann nur versuchen, über Gott so zu sprechen, dass er seinem Wesen nahe kommt. Wer kämpferisch für die Wahrheit eintritt, hat dabei immer auch andere Interessen. Oder aber er hat Angst, sich der vollen Wahrheit zu stellen, die größer ist als er und sein Denkvermögen.

Häufig wurden in der Geschichte die Wahrheiten des Glaubens und die Wahrheiten der Wissenschaft als

Gegensätze gesehen. Doch in Wirklichkeit gibt es keinen Gegensatz. Denn die Wahrheit des Glaubens liegt auf einer anderen Ebene als die Wahrheit der Wissenschaft. Das zeigt etwa der Streit um die Evolution. Wer aus dem biblischen Schöpfungsbericht eine Widerlegung der Evolutionstheorie herauslesen will, der verkennt die Wahrheit des Mythos. Der Schöpfungsbericht ist ein Mythos. Als solcher hat er seine eigene Wahrheit: die Wahrheit, dass Gott die Welt erschaffen hat. Aber ein Mythos erhebt nie den Anspruch auf wissenschaftliches Erforschen der Zusammenhänge des Kosmos. Er gibt eine bildhafte Erklärung für das Geheimnis der Schöpfung. Und als solche hat er seine ewige Wahrheit.

In der Vergangenheit haben Theologen manchmal die Glaubenswahrheiten auf der gleichen Ebene gesehen wie die naturwissenschaftlichen Aussagen. Doch dann musste der Glaube stets Rückzugsgefechte kämpfen. Sobald etwas wissenschaftlich bewiesen war, musste der Glaube sich von früheren Aussagen verabschieden. Doch der Glaube liegt auf einer anderen Ebene als die Naturwissenschaft. Allerdings gibt es heute durchaus neue Ähnlichkeiten. Die Kernphysik hat letztlich auch mythologische Modelle der Welterklärung parat. Sie kann nur in Bildern beschreiben, wie die Wirklichkeit ist. Aber wie sie tatsächlich ist, das weiß letztlich keiner. So verschwimmen die Grenzen zwischen Geist und Materie. Doch diese moderne Entwicklung der Physik darf nicht dazu führen, auf der naturwissenschaftlichen Ebene eine Theologie zu entwerfen. Die Theologie steht nie im Gegensatz zur Naturwissenschaft, weil sie über die Welt und Gott auf andere Weise spricht. Sie spricht über die Welt, insofern diese Schöpfung Gottes ist. Aber ob die Schöpfung von Gott geschaffen ist oder nicht, das kann man naturwissenschaftlich nicht beweisen. Der Schöpfer ist nicht das »missing link«, das einem bei der Erklärung der Entstehung des Weltalls noch fehlt.

In der Diskussion über biblische Aussagen wird oft auch leidenschaftlich mit der Wahrheit argumentiert. In der Bibel stehe es so. Und das ist die Wahrheit. Doch viele verkennen, dass jede literarische Form ihre eigene Wahrheit in sich hat. Die Bibel ist wahr. Doch eine biblische Geschichte ist auch wahr, selbst wenn sie rein historisch nicht so geschehen ist. Denn ein Mythos hat seine eigene Wahrheit, ebenso die Legende, das Märchen, das Gleichnis, die Berufungsgeschichte. Die Bibel kennt verschiedene literarische Formen.

Da sind die Worte Jesu, die oft in einer bildhaften Sprache gesprochen werden. Jesu Worte sind fast nie informative Aussagen über einen Gegenstand, sondern meistens Anrede, Ermahnung, Aufforderung und Aufmunterung. Die Gleichnisse haben ihre eigene Wahrheit. Oft wird im biblischen Streit um die Wahrheit übersehen, dass die biblische Sprache in Bildern das Geheimnis Gottes und das Geheimnis unserer Erlösung durch Jesus Christus beschreibt. Man nivelliert die Sprache auf eine rein informative Sprache. Doch damit wird man der Sprache und ihrer Wahrheit nicht gerecht.

Papst Benedikt ist es ein großes Anliegen, die beiden Pole Glauben und Vernunft miteinander zu versöhnen. Der Glaube muss sich der Vernunft stellen. Und die Vernunft hat die Aufgabe, sich ihrer eigenen Gründe zu vergewissern. Wenn der Glaube die Vernunft überspringt, dann wird er oft zu einem reinen Gehorsamsglauben. Wir glauben, was die Kirche, was die Religionen uns sagen. Doch das widerspricht unserer Würde als Mensch. Wir haben einen Verstand. Diesen Verstand müssen wir auch befriedigen. Anselm von Canterbury, mein Namenspatron, hat die Formen aufgestellt: »Fides quaerens intellectum«: »Der Glaube, der nach Einsicht sucht«.

Der Glaube versucht zu verstehen. Wenn wir die Bibel lesen, müssen wir auch unseren Verstand einschalten und uns fragen, was denn die einzelnen Aussagen bedeuten und wie wir sie mit unserer Vernunft verstehen können. Der Glaube übersteigt oft die Vernunft, aber er zerstört sie nicht und ist nie gegen sie gerichtet. Ohne Vernunft ist der Glaube in Gefahr, fundamentalistisch zu werden. Dann wird die Wahrheit mit Gewalt durchgesetzt. Und man spürt gar nicht mehr, dass es nicht um die Wahrheit geht, sondern um die Macht. So wird der Fundamentalismus in seinem Bestreben, der Wahrheit zu dienen, zu einem Totengräber der Wahrheit.

Um das Thema Wahrheit geht es auch im Dialog zwischen den Konfessionen und zwischen den Weltreligionen. Auch da kommt es darauf an, die Wahrheit richtig zu verstehen. Alle unsere Aussagen von Gott sind Versuche, seinem Wesen gerecht zu werden. Und alle unsere Aussagen über Kirche und Jesus Christus sind Versuche, den Erfahrungen, die die ersten Christen davon hatten, in eine Sprache zu kleiden, die wir heute verstehen. Aber unsere Sätze allein sind nicht wahr. Sie sind nur Annäherungen an die Wahrheit. Daher braucht es im Dialog zwischen den Religionen ein gutes Gespür für die Erfahrungen, die hinter den Aussagen stehen. Welche Erfahrung haben die Menschen in dieser Religion, in dieser Konfession gemacht, dass sie sie mit solchen Worten beschreiben? Kann ich diese Erfahrung und ihre Deutung verstehen und entspricht sie meiner eigenen Erfahrung? Nur wenn ich mir diese Fragen stelle, kann ich sinnvoll mit anderen über die Wahrheit des Glaubens sprechen. Die Erfahrung, die ein Mensch gemacht hat, darf ich nicht hinterfragen. Doch über die Deutung, die er dieser Erfahrung gibt, kann ich diskutieren. Über Gott können wir nicht diskutieren. Gott entzieht sich unserem sprachlichen Zugriff. Aber über die Bilder, die wir von Gott haben, und über die deutenden Aussagen, die wir über Gott machen, können wir sprechen. Und in diesem ehrlichen Gespräch ringen wir gemeinsam um die Wahrheit. Das Ziel dieses Ringens ist, dass die Wahrheit selbst sich zeigt, dass Gott selbst offenbar wird.

Sicher gibt es Sätze, die die Wahrheit Gottes verdunkeln. Es gibt Deutungen, bei denen zu sehr die eigenen Interessen und Vorurteile den Blick auf die Wahrheit verstellen. Daher können wir über die Wahrheit nie rein objektiv diskutieren. Unsere Aussagen sagen immer auch etwas über uns und unsere Interessen aus. Ohne den andern und seine Aussagen zu bewerten, sollen wir im Hören auf das, was der andere sagt, uns dem Unhörbaren öffnen und bei allen Versuchen, zu begreifen, uns dem Unbegreiflichen zuwenden. Das bedeutet nicht, dass wir die Wahrheit relativieren. Wir relativieren nur unsere Aussagen über die Wahrheit. Die Wahrheit Gottes bleibt ewig. Aber wir Menschen besitzen nicht die Wahrheit. Wir können uns der Wahrheit immer nur ehrlich, offen und demütig nähern.

7. Die Wahrheit, die befreit und heilt

Schon ein paar Mal habe ich das Wort Jesu zitiert: »Die Wahrheit wird euch befreien.« (Joh 8,32) Im Johannesevangelium hat dies Wort die Bedeutung, dass uns die Wahrheit, die uns in Jesus aufgeht, von den Fesseln der Sünde befreit. Die Wahrheit befreit uns davon, in der Täuschung und in der Lüge zu leben. Die Wahrheit macht uns frei, weil sie uns die Illusionen nimmt, mit denen wir uns etwas vormachen. Die Wahrheit gibt uns den Mut, uns der Wirklichkeit zu stellen, die Augen zu öffnen und alles, was ist, anzuschauen. Freiheit hat etwas mit Offenheit und mit Sehen zu tun. Wir sind nicht mehr blind. Wir hören auf, die Augen vor der Wirklichkeit der Welt und vor der Wirklichkeit unserer Seele zu verschließen. Die Wahrheit schenkt uns den Mut, uns selbst so anzuschauen, wie wir sind. Das befreit. Ich habe es nicht mehr nötig, an meiner Fassade zu bauen und mich hinter der Fassade zu verstecken. Ich darf mich zeigen, wie ich bin. Denn meine Wahrheit ist ganz und gar von Gott angenommen.

Im 1. Johannesbrief wird die Wirkung der Wahrheit von der Befreiung auf die Beruhigung ausgedehnt: »Daran (an der Bruderliebe) werden wir erkennen, dass wir aus der Wahrheit sind, und werden unser Herz in seiner Gegenwart beruhigen. Denn wenn das Herz uns auch verurteilt – Gott ist größer als unser Herz, und er weiß alles.« (1 Joh 3,19 f) An der Liebe erkennen wir, dass wir aus der Wahrheit sind, d. h. dass wir zu Gott gehören, dass Gott, der von seinem Wesen her Liebe ist, in uns ist und wir in ihm. Aber oft genug spüren wir, dass wir keine Liebe haben, dass wir voller Intrigen und Ressentiments dem Bruder oder der Schwester gegenüber sind. Dann verurteilen wir uns selbst. Dann sind wir voller Schuldgefühle. Doch Gott ist größer als unser Herz. Er weiß alles. Er weiß die ganze Wahrheit. Doch Gottes Wahrheit ist nicht eine, die uns verurteilt, sondern eine, die uns annimmt. Gott, der in alle Abgründe meiner Seele schaut und sie mit seiner Liebe durchdringt, ermöglicht mir innere Ruhe. Weil Gott mich nicht verurteilt, obwohl er alles in mir kennt, brauche ich mich nicht zu verurteilen. Das schenkt mir wahre innere Ruhe. Denn Schuldgefühle sind eine häufige Ursache innerer Unruhe. Wer von Schuldgefühlen geplagt wird, der läuft vor sich selbst davon.

Die beruhigende Wirkung des Wissens Gottes oder Jesu um meine Wahrheit hat auch Petrus am Ende des Johannesevangeliums erfahren. Jesus fragte ihn dreimal, ob er ihn liebe. Mit seiner dreimaligen Frage erinnert er ihn an seinen dreifachen Verrat. Petrus wird traurig, als er an seine Schuld denkt. Aber dann sagt er das befreiende und beruhigende Wort: »Herr, du weißt (oidas) alles. Du erkennst (ginoskeis), dass ich dich liebe.« (Joh 21,17) Jesus weiß alles, er sieht alles. Aber er schaut auch tiefer. Und in der Tiefe erkennt er in Petrus seine Sehnsucht nach Liebe. So sieht Gott alles in uns. Wir können ihm nichts vormachen. Aber er weiß auch, dass in jedem von uns eine tiefe Sehnsucht ist, zu lieben. Und in unserer Sehnsucht nach Liebe ist schon Liebe. Dieses Wissen, dass Gott unsere Wahrheit erkennt, befreit uns von allen Selbstvorwürfen und ermöglicht uns so innere Ruhe.

Dass die Wahrheit uns heilt, steht so nicht unmittelbar in der Bibel. Am ehesten könnten wir das Wort Jesu aus dem Hohenpriesterlichen Gebet bei Johannes als Bitte um die Heilung durch die Wahrheit verstehen. Jesus bittet den Vater für seine Jünger: »Heilige sie in der Wahrheit.« (Joh 17,17) Jesus selbst heiligt sich für seine Jünger, »damit auch sie in der Wahrheit geheiligt sind«. (Joh 17,19) Heiligen bedeutet für die Griechen: dem

Einflussbereich der Welt entziehen. Für die Griechen vermag nur das Heilige zu heilen. Die deutschen Worte »heilig« und »heil« gehören auch zusammen. »Heil« bedeutet: »gesund, unversehrt, gerettet«. Jesus bittet den Vater, dass er sie aus dem Einflussbereich der Welt herausziehen und in seiner Wahrheit wohnen lassen möge. Das ist heilsam für die Jünger. Denn so sind sie den negativen Einflüssen der Welt entzogen. Im Raum der göttlichen Wahrheit kommen sie zu ihrer eigenen Wahrheit, da werden sie heil und ganz.

Wir können die heilende Wirkung der Wahrheit auch noch anders verstehen: Die befreiende und beruhigende Wirkung der Wahrheit ist immer auch heilsam. Denn Krankheit besteht ja oft in einem Zwiespalt. Wir sind gespalten zwischen unserer Sehnsucht nach Gesundheit und Kraft und unserer tatsächlichen Erfahrung von Krankheit und Schwäche. Manche Krankheiten decken uns die eigene Wahrheit auf, die wir sonst nicht wahrnehmen würden. Solange wir gegen die innere Wahrheit kämpfen, bleiben wir krank. Die Krankheit ist wie ein Mahnruf, der so lange ertönt, bis wir ihn hören und annehmen. Indem wir uns der eigenen Wahrheit stellen, werden wir in der Tiefe der Seele heil. Das bedeutet nicht, dass unsere körperliche Krankheit sofort verschwindet. Aber auch in unserer Krankheit wandelt sich etwas. Wir kämpfen nicht mehr gegen sie und gegen uns selbst. Wir werden einverstanden mit uns selbst. Wir finden mitten in der Krankheit eine innere Ruhe und Klarheit.

Es wäre fatal, wenn wir den Zusammenhang zwischen Krankheit und Wahrheit absolut setzen würden. Wir dürfen auf keinen Fall sagen: Wer krank ist, lebt gegen seine Wahrheit. Mit so einer Aussage würden wir jedem Kranken vorwerfen, er sei selbst an seiner Krankheit schuld. Es gibt Krankheiten, die uns einfach widerfahren. Wir wissen nicht, woher sie kommen. Wir wissen nicht, was sie uns sagen wollen. Dann geht es nicht darum, die Krankheit zu befragen, ob ich meine Wahrheit verdränge. Die Krankheit ist vielmehr ein Teil meiner Wahrheit. Und es geht darum, mich mit meiner Krankheit, mit meiner körperlichen und seelischen Begrenzung anzunehmen. Die Aussage, die Krankheit weist auf eine Unwahrhaftigkeit hin, würde ja bedeuten, dass der Mensch eigentlich gar nicht krank sein dürfe. Wenn er in der Wahrheit leben würde, wäre er immer gesund. Doch das widerspricht der Wirklichkeit und Wahrheit des Menschen. Der Mensch ist begrenzt, er ist sterblich und hinfällig. Die Krankheit gehört wesentlich zu ihm, genauso wie die Gesundheit. Die Wahrheit heilt, nicht in dem Sinn, dass sie jede

Krankheit wegnimmt, sondern dass sie die Krankheit verwandelt. Sie wird zu einem Teil von mir, den ich vor Gott annehme. Dann hat die Krankheit mich nicht im Griff. Sie öffnet mich vielmehr für Gott. Und sie öffnet mich für die Tiefe meiner Seele. Sie bricht mich auf für mein wahres Selbst.

Die heilende Wirkung der Wahrheit hat aber noch eine andere Bedeutung. Je wahrhaftiger ich lebe, desto mehr darf ich vertrauen, dass ich im Einklang lebe mit meiner Seele und mit meinem Leib. Die Wahrhaftigkeit schützt mich nicht vor jeder Krankheit. Aber sie ist dennoch heilsam. Sie bewahrt mich vor Krankheiten, die durch Verdrängung der Wahrheit entstehen.

Eine Frau erzählte mir von ihren vielen Allergien. Sie hatte eine Wochenendbeziehung zu einem Freund. Sie sprach nie darüber, dass in dieser Beziehung etwas nicht stimmte. Aber durch die Erfahrung einer anderen Liebe erkannte sie, dass diese Wochenendbeziehung nicht stimmig war. Sie fühlte sich von ihrem Freund benutzt. Der wollte keine feste Beziehung, weil er Angst hatte vor Nähe. Doch am Wochenende fühlte er sich einsam und brauchte die Freundin. Als die Frau durch die Freundschaft zu einem anderen Mann die Wochenendbeziehung abbrach, verschwanden auf einmal einige der Allergien. Eine solche Erfahrung darf ich nicht verallgemeinern. Ich kann nicht sagen: Jede Allergie zeigt, dass ich nicht in Übereinstimmung mit mir selbst lebe. Mit so einem Satz würde ich jede Allergie psychologisch deuten und jedem, der an Allergien leidet, Schuldgefühle vermitteln. Es gibt viele Ursachen von Allergien: die Umweltverschmutzung, die oft übertriebene Hygiene, erbliche Anfälligkeit usw. Wenn ich im Einklang mit meiner Wahrheit lebe, kann ich trotzdem eine Allergie bekommen. Aber dennoch zeigt die Erfahrung dieser Frau: Wenn ich den Mut habe, zu meiner Wahrheit zu stehen, dann können manche Allergien sich auflösen und manche Krankheiten heilen.

Doch die heilsame Wirkung der Wahrheit ist nicht nur im Blick auf Vermeidung und Heilung von Krankheiten zu sehen. Die Wahrheit tut mir gut. Sie heilt mich von innerer Zerrissenheit. Sie macht mich ganz. Wer seine Wahrheit verstecken muss, verbraucht viel Energie damit. Er muss sich ständig hinter seiner Fassade verbergen und lebt doch in der Angst, die anderen könnten hinter seine Fassade schauen. Wir erleben es immer wieder, wie Menschen eine Zeit lang ihre Wahrheit verdrängen können. Doch dann brechen sie irgendwann unter dem Zwiespalt zusammen. Ein Mann, der eine heimliche Geliebte hatte, konnte es jahrelang vor seiner Frau und vor der Öffentlichkeit verbergen. Doch dann rebellierten sein Leib und seine Seele. Er bekam Angstattacken und Depressionen. Er musste sich seiner Wahrheit stellen. Eine Frau simulierte jahrelang Leukämie, weil sie meinte, dadurch die Zuwendung von Menschen zu erlangen, die ihr wichtig waren. Im ersten Jahr gelang ihr das sehr gut. Alle kümmerten sich um sie und wandten sich ihr liebevoll zu. Doch irgendwann merkte sie, dass sie sich ihr ganzes Leben verbaute. Es war auf einer Lüge aufgebaut. Die Freundschaft zu einem Mann ermöglichte es ihr schließlich, das ganze Lügengebäude aufzugeben. Es war für sie befreiend. Natürlich fühlten sich manche ihrer Freunde, die sich ihr wegen ihrer Krankheit zugewandt hatten, verletzt. Doch die meisten reagierten mit Freude und Erleichterung, aber auch mit Verwunderung. Sie fragten sich: Wie muss es in einem Menschen aussehen, dass er so viel Energie in eine Lüge stecken muss, um Zuwendung zu bekommen? Hatte die Frau so wenig Vertrauen zu sich selbst, dass sie nur durch eine Krankheit für andere interessant und liebenswert wurde?

In der Wahrheit sein und wahrhaftig sein, das spart viel Energie. So können wir uns dem Leben zuwenden. Wer seine Wahrheit verdecken muss, verbraucht Energie damit. Er muss gleichsam einen Deckel über einen Vulkan halten, damit der Vulkan nicht hochgeht.

Diese Energie fehlt ihm dann zum Leben, für seine Arbeit und letztlich auch für seine Gesundheit. Denn wer zu viel Energie für die Unterdrückung der Wahrheit braucht, der wird leicht anfällig für Krankheiten. So ist das Leben in der Wahrheit heilsam für den Menschen. Es befreit ihn von dem Druck, sich vor anderen verstecken zu müssen, und von der Angst, doch entdeckt und bloßgestellt zu werden. So dürfen wir die Erfahrung machen, dass die Wahrheit uns befreit und uns heiligt und heilt. Die zunächst so fremden Worte aus dem Johannesevangelium bekommen damit eine existentielle und eine therapeutische Bedeutung. Wer in der Wahrheit Gottes ist und in ihr zu seiner eigenen Wahrheit kommt, der lebt in Übereinstimmung mit sich selbst, der ist authentisch, frei von den Erwartungen und Urteilen der Menschen. Er kommt in Berührung mit dem heiligen Raum in sich, der der Welt entzogen ist. Und in diesem heiligen Raum erfährt er sich als heil und ganz. Sein innerster Kern ist von der Krankheit und Lüge nicht infiziert. Er hat teil am Heil Jesu Christi.

Schluss

Bei Wahrheit und Wahrhaftigkeit denken wir zunächst an philosophische Theorien und an ethische Forderungen. Doch es geht bei beiden Begriffen letztlich um gelingendes Leben. Der Mensch sehnt sich nach Wahrheit, nicht nur nach wahren Aussagen über Gott und über den Menschen, sondern danach, selbst in der Wahrheit zu sein. Sein ganzes Streben geht dahin, dass ihm die Wahrheit des Seins und auch seine eigene Wahrheit aufgeht. Er spürt, dass die Wahrheit ihn befreit von allem Druck, sich verbiegen oder in dieser Welt ständig inszenieren zu müssen. Die Wahrheit führt ihn zu seinem wahren Selbst.

Die Wahrhaftigkeit ist eine Tugend. Aber sie ist vor allem eine Einstellung zu sich selbst. Sie ist die Bedingung, dass wir ein festes Fundament finden, auf dem wir unser Lebenshaus bauen können. Die Wahrhaftigkeit ist verbunden mit Tugenden wie Ehrlichkeit, Offenheit, Aufrichtigkeit, Authentizität, Verlässlichkeit und Treue. Diese Tugenden sind die Voraussetzung, dass unser Leben gelingt. Sie sind aber auch Wege, damit das menschliche Miteinander gelingt, in der Politik, in der Wirtschaft, in der Beziehung zwischen Arzt und Patient und in der Beziehung zwischen Mann und Frau und Eltern und Kindern. Wenn ich über Tugenden schreibe, möchte ich auf den moralisierenden Unterton verzichten. Mir geht es vielmehr immer um die Frage, wie wir Menschen so leben können, dass es unserem wahren Wesen entspricht, und wie wir in der globalisierten Welt von heute so miteinander umgehen können, dass ein Leben in Frieden, Freiheit und gegenseitiger Achtung möglich ist. Jede Tugend ist eine Herausforderung, der wir uns stellen müssen. Sie lädt uns ein, einen Übungsweg zu gehen, um diese Tugend zu erwerben. Aber zugleich ist die Tugend immer auch ein Geschenk von Gott, ein Angebot von Gott, in die einmalige und einzigartige Gestalt hineinzuwachsen, die Gott sich von jedem von uns gemacht hat, mitten in einer Welt, die so viele Erwartungen an uns hat, ganz wir selbst, »autos« zu werden, um so um uns herum ein Klima der Wahrheit und Wahrhaftigkeit, der Authentizität und der Freiheit zu verbreiten.

Literatur

Otto Friedrich Bollnow, Wesen und Wandel der Tugenden, Frankfurt 1958.

Rudolf Bultmann, Das Evangelium des Johannes, Göttingen 1950.

Hans-Georg Gadamer, Wahrheit und Methode, Tübingen 1965.

Romano Guardini, Tugenden. Meditationen über Gestalten sittlichen Lebens, Mainz 1987.

Martin Hecht, Oh, ist das peinlich!, in: psychologie heute, Februar 2009, 46–52.

Georg Horntrich, Kommunikation und Wahrhaftigkeit angesichts von Zeitdruck und Machtstrukturen, in: Wahrheit am Krankenbett, hrsg. von Josef Römelt, Leipzig 2002.

Klaus Müller/Jürgen Werbick, Wahrheit, in: LThK 929–933 und 935–938.

Anke Römer, Wie Kinder das Lügen lernen, in: psychologie heute, Februar 2009, 8–9.

Werner Ross und Rudolf Walter, Im Haus der Sprache. Quellenband, Freiburg 1983.

Ingeborg Schüßler, Wahrheit/Wahrhaftigkeit IV (philosophisch), in: TRE 347–363.

Herbert Vorgrimler, Wahrheit, in: LexSpir 1399–1402.

Paul Wilpert, Autarkie, in: RAC 1039

Register

Mehr spirituelle Weisheit von Pater Anselm Grün

160 Seiten
ISBN 978-3-442-17203-0

Die sieben leiblichen und sieben geistigen Werke der Barmherzigkeit machen das Wesen des Christentums aus. Anselm Grün zeigt, wie man sie in unseren modernen Alltag übertragen kann und dadurch zu innerer Erfüllung findet.

256 Seiten
ISBN 978-3-442-16997-9

Das Klosterleben mit seinen Regeln und Weisheiten ist wie geschaffen, um inneres Gleichgewicht zu erlangen. Was man davon konkret für sein Leben übernehmen kann, verraten die beiden Autoren in diesem Buch.